A ESTRATÉGIA
MAIS IMPORTANTE DA VIDA

Copyright© 2019 by Literare Books International
Todos os direitos desta edição são reservados à Literare Books International.

Presidente:
Mauricio Sita

Capa:
Lucas Chagas

Diagramação e projeto gráfico:
Lucas Chagas

Revisão:
Camila Oliveira

Diretora de projetos:
Gleide Santos

Diretora de operações:
Alessandra Ksenhuck

Diretora executiva:
Julyana Rosa

Relacionamento com o cliente:
Claudia Pires

Impressão:
RR Donnelley

Dados Internacionais de Catalogação na Publicação (CIP)
(eDOC BRASIL, Belo Horizonte/MG)

C957e	Cruz, Vítor. A estratégia mais importante da vida: o primeiro livro que você deveria ler se deseja uma vida de extremo valor / Vítor Cruz. – São Paulo (SP): Literare Books International, 2019. ISBN 978-85-9455-149-8 1. Autorrealização (Psicologia). 2. Motivação (Psicologia). 3.Técnicas de autoajuda. I. Título. CDD 158.1

Elaborado por Maurício Amormino Júnior – CRB6/2422

Literare Books International Ltda
Rua Antônio Augusto Covello, 472 – Vila Mariana – São Paulo, SP
CEP 01550-060
Fone/fax: (0**11) 2659-0968
site: www.literarebooks.com.br
e-mail: literare@literarebooks.com.br

A ESTRATÉGIA
MAIS IMPORTANTE DA VIDA

AGRADECIMENTOS

Sou imensamente grato a Deus, por despertar em meu íntimo o desejo incontrolável de repensar minha existência e criar uma vida da qual eu possa me orgulhar de ter vivido.

Mais do que isso, sou grato a Ele por permitir que pela minha vida passassem muitas pessoas especiais, que contribuíram para que eu seja quem eu sou.

A todas estas pessoas que ajudaram na minha formação, gostaria de deixar o meu profundo agradecimento e respeito, principalmente, aos meus filhos Mateus e Gustavo, minha esposa Luciana, minha mãe Sônia, meu padrasto Hilton, meu pai Cirilo (*in memoriam*) e minha avó Áurea (*in memoriam*). Todos vocês foram fundamentais em minha vida.

Agradeço, ainda, a todos os professores e dezenas de amigos que se propuseram a ler os rascunhos desta obra, ao longo de mais de cinco anos, para que ela pudesse ser melhorada e viesse a alcançar seu objetivo.

Meu muito obrigado.

SUMÁRIO

Introdução..11

Parte 1 – A grande jornada da vida...15

Que tesouros você quer colecionar?..17

O que aprender a navegar tem a ver com sua vida?.......................25

Mas, primeiro, uma pergunta:
qual é o seu perfil de navegador da vida?....................................27

Perfil 1 – Os conformados (a síndrome do Morro da Urca)....................29

Perfil 2 – Os sonhadores...31

Perfil 3 – Os conquistadores sofredores...32

Perfil 4 – Os conquistadores orgulhosos..34

Perfil 5 – Os conquistadores inteligentes.......................................35

Mas, por que é tão difícil largar a zona de conforto
e viver o grande sonho?...38

As realidades indesejadas...40

Vamos aprender a navegar?...43

Etapa 1 - O planejamento da navegação.......................................43

Etapa 2 - O guarnecimento e abastecimento da embarcação...........44

Etapa 3 - Navegação atenta e focada no cumprimento da missão....45

Parte 2 – O plano de navegação da vida......................................47

Primeiro passo: possuir uma carta náutica
atualizada para a sua vida...49

Por que o uso efetivo da carta náutica da vida dá tão certo?........56

Segundo passo: saber de que porto seu navio está partindo...............59

A importância do autoconhecimento...59

A bússola dos nossos valores..65

Mapeando os seus pilares...68

Terceiro passo: ter a certeza de que seu navio está pronto para a viagem, no que diz respeito à manutenção..................73

O que são, realmente, objetivos?..74

Estabelecendo os objetivos primários...78

Como tomar decisões que venham a mantê-lo alinhado aos seus reais objetivos de vida: as três perguntas-chave da tomada de decisão.............................78

Quarto passo: saber claramente qual é a missão da jornada..............81

Quinto passo: saber exatamente onde você quer chegar....................87

Eu devo aproveitar o presente, usufruindo dos meus recursos "hoje", ou cuidar do futuro? Como vou decidir?.....................90

Sexto passo: estabelecer os horários da partida e da chegada............95

Objetivos a longo prazo:..98

Metas de curto prazo..99

A plasticidade da meta...101

O plano de ação..102

O processo de melhoria contínua..107

Parte 3 – Abastecimento e guarnecimento do navio........................109

Em que nível está seu combustível?......................................111

Quem será a tripulação do seu navio?...115

A escolha dos vigias..116

A escolha das parcerias...117

De quais suprimentos você necessita?...119

Abastecendo o navio com os comportamentos-chave
para o sucesso...121

Mas, eu, realmente, não tenho tempo para isso! Será mesmo?........122

Você tem agido como uma lanterna ou como um raio laser?......128

A consciência das escolhas, o foco e o aumento da produtividade...131

Cuidado com os "ladrões de foco"...132

A regra de diamante da vida:
aprender a multiplicar seu tempo!..135

**Parte 4 – A navegação atenta
e focada no cumprimento da missão**.......................................139

**Atenção ao cumprimento do planejado
e o foco inabalável na grande conquista!**................................141

**Os hábitos para fazer o motor girar em piloto automático
e garantir a conquista!**..145

O primeiro ponto a entender:
seu cérebro está em guerra!..145

Como domar o seu elefante...148

Passo 1: A tomada de decisão racional................................149

Passo 2: Os pontos de ancoragem..149

Passo 3: Convencimento da dor e prazer.............................151

Passo 4: Repetição inteligente........................154

Passo 5: Valorize as pequenas vitórias........................157

Passo 6: Reavaliação........................157

Que tal ousar um pouco mais?........................161

Crie compromissos com a sua jornada!........................167

O segredo é construir seu caminho, não expectativas........................169

O *checklist* da transformação do seu dia em um verdadeiro "diamante"........................171

Amplie o seu impacto no mundo........................175

A grande conquista........................177

Resumo........................181

Apêndice........................191

Carta náutica da vida preenchida para exemplo........................193

Referências........................196

INTRODUÇÃO

Ano de 2013, meu primeiro filho acabara de nascer... Não sei se você possui filhos, mas, certamente, esse é um momento no qual é quase impossível não parar e refletir sobre os rumos da vida.

E o que acontecia era que a minha vida tomava um rumo bem diferente daquele que eu desejava. Eu ganhava bem, tinha um emprego estável (na verdade, vários), e estava muito bem de saúde.

Até aí, nada mal! Mas...

Sabe aquela sensação de que você está vivendo um dia após o outro, sem conseguir se dedicar o tanto que gostaria às coisas em que, realmente, enxerga valor na vida?

Eu precisava, urgentemente, me organizar para não só continuar crescendo profissionalmente como transferir a mesma intensidade para os demais pilares da minha vida pessoal.

Comecei, então, a estudar e tentar adotar todas as estratégias e conceitos de administração de empresas que tinha à disposição, para administrar minha vida e estudar profundamente sobre comportamento humano, de forma a domar minhas ações inconscientes, aumentar meu foco e melhorar meus hábitos.

Nesta caminhada, aconteceu algo magnifico que foi o ponto-chave para eu conseguir, exatamente, o que estava procurando: ter uma vida equilibrada, mas com intensidade produtiva.

E, para explicar como cheguei nesse ponto-chave, preciso contar uma breve história.

Em 2008, após oito anos de serviço na Marinha do Brasil, desliguei-me como oficial e, por muito tempo, achei que tinha perdido boa parte da minha vida. Afinal, não imaginava como poderia aplicar "aqui fora" os conhecimentos que tinha acumulado naquele tempo todo.

Teriam sido esses oito anos "jogados fora"?

Algum tempo depois, no entanto, percebi algo assustadoramente simples, que me fez olhar para aquele período como um dos mais importantes que vivi: eu aprendi a navegar!

E daí? O que navegar tem de tão importante assim?

Muito simples. Um bom navegante, preparado e atento a todos os detalhes da navegação, consegue superar um mar turbulento e chegar com segurança e exatidão em qualquer porto para o qual se propôs a navegar.

Ora, e o que é a nossa vida, senão uma grande navegação em direção aos nossos sonhos, também repleta de turbulências que tentam, a todo o momento, nos impedir de conquistá-los? (E que podem nos levar até mesmo a um naufrágio...).

Saltava aos meus olhos o óbvio: caso, perante a vida, eu também estivesse preparado e atento a todos os detalhes da navegação, também conseguiria superar as turbulências e aportar com exatidão e segurança nos meus maiores sonhos.

E foi isso que fiz. Comecei a consolidar todas as pesquisas e conhecimentos que adquiri sobre autoconhecimento, tomada de decisão, planejamento e comportamento, dentro do processo de navegação, de forma a organizá-los e permitir que eu atingisse os objetivos que pretendia. Tudo ficava cada vez mais simples, claro e eficaz.

Conseguia, então, começar a aliar um planejamento com uma alta intensidade de viver. Começava a dar valor àquilo que realmente tinha valor na vida. Começava a valorizar o meu tempo.

E, é exatamente isso que pretendo compartilhar com você!

Perceba que em nenhum momento esta obra tem a pretensão de ensiná-lo a viver, mas de gerar profundas reflexões e entregar as ferramentas necessárias para que você se aproprie, de maneira rápida e consistente, de uma vida coerente com seus verdadeiros valores e ambições.

Diante disso, este livro tem a missão de convidá-lo a decidir quais tesouros pretende colecionar durante a sua vida, por qual rota você pretende navegar e, assim, subir a bordo do seu navio da vida e começar a navegar.

Vamos, juntos, estruturar o caminho a ser percorrido para construir a vida que você merece e nasceu para viver. Sendo assim, o primeiro livro que você, se quiser construir uma vida de extremo valor, deveria ler, pois servirá de norte para definir suas prioridades, valorizar seu tempo e construir um alicerce para sedimentar todos os demais conhecimentos dos quais você venha a necessitar.

Vamos navegar juntos?

Vítor Cruz

Vítor Cruz

Parte 1:
A grande jornada da vida

Que tesouros você quer colecionar?

Procure ser um homem de valor,
em vez de ser um homem de sucesso. (Albert Einstein)

Todos buscamos felicidade, mas a vida não é e nem nunca será um eterno mar de rosas. Existem momentos em que, sem pedir licença, as ondas desse mar da vida nos batem, e batem com força.

Lá estamos, navegando nosso barco de maneira despreocupada, quando, de repente, somos surpreendidos por uma doença, um acidente, um desemprego, um pedido de divórcio, uma falência ou até mesmo com a perda de um ente querido.

Provavelmente, você já passou e, infelizmente, é certo que ainda passará por momentos de dor, pois a vida é dura, muito dura!

Mas a pergunta é: o que você está fazendo diante desta dura e imutável realidade?

Está, realmente, engajado em fortalecer as estruturas do seu navio para que, quando a onda forte bater, os danos

A estratégia mais importante da vida

sejam mínimos? Ou está navegando despreocupado, correndo o risco de ser pego desprevenido e ter de assistir ao seu naufrágio?

A verdade é que as pancadas da vida, na maioria das vezes, são para nos mostrar onde estão as nossas falhas.

Após anos de luta contra uma gravíssima doença, meu pai me disse a seguinte frase: "Se eu pudesse escolher, pediria para passar por tudo isso novamente, pois ainda que demore para entendermos o motivo, ninguém passa por algo que não esteja precisando passar".

É uma questão de aprendizado, a vida chega, bate onde está fraco, abala as estruturas de nosso navio, e diz em alto e bom tom: "constrói de novo, mas, desta vez, faz mais forte, senão vou derrubar novamente".

Cabe a você decidir se vai aceitar o aprendizado ou se vai querer uma lição de reforço.

Afinal, quando temos um naufrágio, de quem é a culpa? Do mar, por ter lançado suas ondas, ou do marinheiro que não se preparou corretamente para os perigos da jornada?

Colocar a culpa no mar só irá encobrir as oportunidades de melhorias e aprendizados, por outro lado, assumir a responsabilidade é o primeiro passo para o real crescimento.

Você pode e merece ter muito mais motivos para comemorar do que para chorar, mas precisará se organizar para cumprir o grande desafio da vida:

> **Avançar sempre! Mas, ao mesmo tempo, manter e fortalecer o que já foi conquistado, em todos os pilares que sustentam sua vida.**

Fazendo assim, conseguiremos transformar desafios em grandes conquistas. Mas, afinal, o que seria uma grande conquista?

Isso depende de você. Cada um tem uma definição própria de sucesso. A minha definição pessoal de sucesso é saber que estou concretizando o máximo do meu potencial de vida em todos os pilares que me sustentam: família, amigos, patrimônio, profissão, lazer, saúde, espiritualidade e minha condição como membro de uma sociedade.

Afinal, "de que adianta ao homem ganhar o mundo e perder sua alma?", como diz a Bíblia. De que adiantaria, também, dizer que sou focado na família e não correr atrás de condição financeira suficiente para garantir um padrão elevado de qualidade para os estudos e saúde de meus filhos?

Nossa vida é complexa, e nossa visão de sucesso não pode permitir foco unidirecional, caso contrário, iremos ver tudo desmoronar e sofreremos as consequências desse ato.

Independentemente da sua definição de sucesso, é preciso ter em mente que ele só se sustentará em longo prazo se houver visão sistêmica, harmonizando todos os pilares da sua vida e, preferencialmente, nivelando-os pelo alto, buscando a excelência e plenitude em todas as áreas que nos compõem.

Então, vá! Saia para a batalha, vá conquistar seus sonhos! Mas não deixe de dar constante manutenção às estruturas do seu navio, pois se o mar jogar ondas inesperadas e você tiver sido displicente, você será, sim, responsável pelo tamanho do estrago causado.

Diante disso, minha missão nesta obra é ajudar você a não cometer os três grandes erros no cumprimento deste desafio:

1º erro: o abandono dos sonhos

Algo que me deixa muito triste é ver uma pessoa deixando seu grande sonho de lado, para se afogar nos problemas e tarefas rotineiras do dia a dia.

A estratégia mais importante da vida

É preciso entender que seu grande sonho é como uma luz que o ilumina por dentro, lhe dá aquele brilho nos olhos e, assim, você é capaz de iluminar tudo aquilo e aqueles que estão à sua volta.

Quando uma pessoa deixa seu grande sonho de lado, ela perde esse brilho e tudo em volta dela fica mais escuro e sem graça.

Qual é o seu grande sonho? Aproveitar ao máximo a sua família? Curtir muito com seus amigos? Ganhar muito dinheiro? Viajar pelo mundo? Ajudar muitas pessoas? Superar seus limites? Deixar um legado no mundo para as próximas gerações? Tudo isso junto?

Qual é o seu grande sonho? Como tem sido a sua postura perante ele? Qual é o seu plano para vivê-lo ou continuar vivendo?

Nunca abandone este seu grande sonho, porque ele, certamente, faz de você uma pessoa muito melhor, não só para você, mas também para todos a sua volta.

Então, lembre-se sempre: o primeiro grande elemento para uma jornada de sucesso neste grande mar da vida é o brilho nos seus olhos, decorrente do seu grande sonho.

2º erro: a mania de deixar para amanhã

Depois de reservar na sua vida um lugar especial para o seu sonho, não cometa outro grande erro: o da pessoa que cultiva um grande sonho e possui um potencial enorme para elevar a sua vida, da sua família e, por que não, da nossa sociedade, a um patamar muito mais alto, porém, fica sempre deixando para amanhã. "Amanhã eu faço", "ano que vem eu começo".

Se você está deixando o seu grande sonho para amanhã, eu pergunto: até quando? Até quando você vai deixar para depois ir atrás de seus objetivos e da sua felicidade?

Infelizmente, todos os dias, milhares e milhares de pessoas nos deixam repentinamente, deitam para dormir, como fizeram por anos, e não acordam, sofrem, inesperadamente, um acidente ou são vítimas da violência, cada vez mais cotidiana.

Até quando a vida terá a paciência de nos dar mais um amanhã de presente, para decidirmos se vamos agarrar ou não a oportunidade de fazer o que precisa ser feito?

Nunca saberemos esta resposta. Por isso, é preciso criar o hábito de usar o hoje para dar valor àquilo e àqueles que possuem real importância na sua vida.

Eis, então, o segundo elemento para a jornada de sucesso: ação imediata! Use o hoje para dar mais um passo rumo ao seu grande sonho.

3º erro: o despreparo e a desorganização

Há, ainda, uma terceira coisa que trabalha contra a sua vontade de ter sucesso e ser feliz. Fico muito triste quando vejo uma pessoa que cultiva um grande sonho e, motivada, corre atrás desse sonho, com unhas e dentes...Mas, faz isso de maneira estabanada! Ou seja, não se prepara para a caminhada ou não se organiza para, durante o trajeto, dar a manutenção correta a todos os pilares que sustentam sua vida.

Isso é muito triste, pois ela, fatalmente, transformará seu grande sonho em mera ilusão e a sua vida em um martírio, ou se tornará uma colecionadora de infelicidades e frustrações. Será questão de tempo para tudo desmoronar e aquele lindo brilho nos olhos se perder.

Só não cometa o erro de ficar se preparando e achar que só deve agir quando estiver pronto. Não faça isso! Por este motivo, coloquei "ação imediata" como o segundo erro, e o preparo e a organização como o terceiro. Ou seja, entre em ação, antes mesmo de se sentir totalmente pronto (até porque nunca estará) e, na medida em que avança, vá se preparando, continuamente, para dar conta de desafios maiores.

A estratégia mais importante da vida

Agora, não se pode buscar um sonho sem preparo e sem organização, pois sonhos não acontecem, eles precisam ser construídos.

E, da mesma forma que uma casa só é construída quando se coloca tijolo por tijolo no lugar certo, dando vida ao projeto do arquiteto, você não irá construir um futuro sensacional, uma vida sensacional, se não se esforçar, dia após dia, para fazer um "hoje" sensacional e alinhado com esse futuro.

> **É preciso entender cada "hoje" da sua vida como um tijolo que lhe foi dado como oportunidade para você fazer crescer um pouco mais as paredes do seu sonho. E, cada tijolo só pode ser usado uma única vez. Um tijolo desperdiçado, lançado ao chão, não volta.**

O que você quer construir na sua vida? Uma obra desorganizada, sem planejamento, ou uma obra magnífica como aquelas projetadas por Oscar Niemayer, que inspiram pessoas e transcendem gerações?

Como você tem usado seus tijolos? Desperdiçando em lugares errados, jogando ao chão, ou encorpando as paredes dessa obra magnífica, dia após dia, com preparo, planejamento e foco no projeto traçado?

Se você quer, realmente, fazer da sua vida uma obra magnífica, não pode desperdiçar tijolos, nem usá-los de maneira errada. E, ainda, precisa de algo muito importante: cuidar muito bem, diariamente, da manutenção de todos os pilares que sustentam essa construção, senão, por mais bela e imponente que seja, irá desmoronar como um castelo de areia.

Em resumo, temos, então, os elementos essenciais para você alcançar sucesso na vida:
- Brilho nos olhos;
- Ação imediata;
- Preparo e organização.

Como você vai decidir viver os seus dias?

Tudo o que estamos falando até aqui resume-se, então, a uma pergunta: como você vai decidir viver os seus dias?

Irá vivê-los como se cada um deles fosse só mais um grão de areia em uma praia, algo praticamente infinito e sem valor? Ou você vai viver cada um dos dias da sua vida como eles realmente são? Lembrando aqui que seus dias são finitos, porém, muito preciosos, como os mais raros diamantes.

> **Não faça da sua vida um amontoado de areia sem sentido e sem valor. Dê a sua vida o valor que ela merece: transforme-a numa coleção dos mais belos e preciosos diamantes, cada um deles sendo um dia espetacular que você vai viver daqui para frente.**

Quando, a cada dia, você acorda, verdadeiramente, ciente de que seu dia pode, merece e precisa ser vivido como um diamante, tudo começa a se harmonizar na busca (e na manutenção) do seu sonho.

A estratégia mais importante da vida

Não estou falando de acordar sempre com disposição, sorrindo e cantando, porque isso é outra coisa que poucas pessoas no mundo irão experimentar. Estou falando de ter consciência – uma consciência bem administrada – da finitude e do imenso valor dos seus dias.

> **Valorize seu tempo e pare de desperdiçar o seu "hoje" com coisas e pessoas que não contribuem em nada para sua jornada. Comece, hoje mesmo, este processo de colecionar um diamante por dia na sua vida.**

Meu maior desejo é ser capaz de ajudar você nesta transformação de areia em diamantes. Mas, para isso, eu não vou ensiná-lo nada relacionado à química... Vou ensinar alguns segredos da navegação!

Isso mesmo: navegação!

O que aprender a navegar tem a ver com sua vida?

É a posição das velas e não a ventania que nos dá o rumo.
(Ella Wheeler Wilcox)

Passei boa parte da minha vida na Marinha do Brasil. Ingressei aos 15 anos de idade, e abandonei a carreira de oficial para navegar em direção às águas mais profundas da minha existência.

Pela Marinha, tive a oportunidade de conhecer, praticamente, toda a costa brasileira e também diversos países, mas, certamente, nada foi tão importante e valioso para a minha vida quanto aprender a navegar.

Por definição, navegação é a ciência e a arte de conduzir uma embarcação com segurança, de um ponto a outro na superfície da Terra.

Aprendi, então, que o bom navegante não precisa temer o mar turbulento, pois estará preparado para ele, e conseguirá aportar com exatidão e segurança no porto que se propôs.

Você também pode, merece e, certamente, aportará com exatidão e segurança aos maiores sonhos da sua vida, se passar a dominar esta ciência e arte da navegação na sua própria vida.

Afinal, o que é a nossa vida, se não uma grande navegação em direção aos nossos sonhos, em que encontramos ventos, ondas e correntezas que tentam nos tirar, a todo o momento, do rumo certo, e nos impedir de conquistá-los?

Quando comecei, então, a aplicar na minha própria vida todo o conhecimento que adquiri para se conduzir uma embarcação com segurança de um ponto a outro, pude perceber que não tinha porque temer turbulências.

A estratégia mais importante da vida

Bastava eu ser um navegante atento e com a preparação correta para a jornada, pois, assim, conseguiria chegar com segurança a qualquer ponto ao qual decidisse navegar.

Assim, antes de se lançar ao mar em direção ao seu grande sonho, aprenda a navegar. Tenha domínio da arte, mas também da ciência, dos métodos simples que irão impedir que seu navio venha a ficar à deriva, encalhar ou chegar onde você não queria chegar.

Peço sua permissão, então, para subir a bordo e acompanhá-lo nesta grande jornada.

Mas, primeiro, uma pergunta: qual é o seu perfil de navegador da vida?

Você nunca pode atravessar o oceano, até que você tenha coragem de perder a costa de vista. (Vince Lombardi)

As minhas várias atuações profissionais me deram o grande prazer de interagir, intensamente, com milhares de pessoas e, devido a isso, me deparei com algo muito interessante, mas, ao mesmo tempo, preocupante.

Pude observar na prática que, embora cada pessoa tenha a sua singularidade, que a individualiza perante as demais, é inevitável, pelo convívio em sociedade, que sólidos padrões de comportamento sejam instalados. Dessa forma, verifiquei, dia após dia, ano após ano, os mesmos comportamentos se repetindo e repetindo, mesmo em pessoas diferentes.

Se você é estatístico, trabalha ou já trabalhou com análise de métricas ou pesquisas, entende, exatamente, do que estou falando. Os hábitos e comportamentos sociais são tão fortes, que basta uma pequena amostra da população ser estudada para podermos espelhar o comportamento de uma parcela inteira, com uma pequena margem de erro.

Por isso, foi possível, então, começar a identificar alguns padrões de comportamento que me permitiram delinear cinco grupos de pessoas, em uma escala com base no seu comportamento em relação à busca de seus sonhos ou objetivos pessoais.

Assim, costumo dizer que, quanto à busca de seu grande sonho, existem cinco perfis de pessoas com um comportamento-chave separando cada um deles: os conformados, os sonhadores, os conquistadores sofredores, os conquistadores orgulhosos e os conquistadores inteligentes. Assim organizados:

A estratégia mais importante da vida

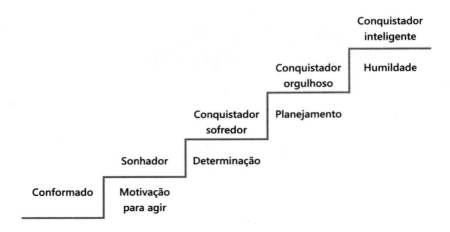

O esquema acima mostra os cinco perfis, começando no "conformado" e indo até o "conquistador inteligente". A transição de um perfil para o seguinte é feita a partir da adição de um novo elemento em cada degrau desta escada evolutiva. Obviamente, existem muitos outros elementos acessórios a estes, mas, para cada degrau, isolei aquele elemento-chave que considero o grande diferencial entre os perfis e que, quando adicionado, permite o salto, fazendo com que pessoa evolua de um nível para outro.

Os perfis mais altos da escada pressupõem a adoção de todos os elementos-chave dos mais baixos, senão o salto não é realizado. Ou seja, uma pessoa que tenha apenas humildade não é uma conquistadora inteligente, já que conquistador inteligente possui motivação, determinação, planejamento e humildade. De igual forma, um conquistador sofredor com humildade continua sendo um conquistador sofredor, até que tenha o planejamento para organizar tudo isso e consiga dar um salto direto ao conquistador inteligente.

> Agora, pense e responda: em qual perfil, quanto à busca de seu grande sonho, você se enquadra atualmente?

Vítor Cruz

Obviamente, existem pessoas que podem, por exemplo, perceber que se encontram nos mais altos degraus na área profissional, enquanto estão sendo conformadas na área pessoal. O ideal é que façamos esta autocrítica e busquemos agir com humildade, planejamento e determinação em todos os campos. Vamos detalhar cada um dos perfis, para que você consiga entender melhor onde se encontra atualmente.

Perfil 1 – Os conformados (a síndrome do Morro da Urca)

Este é o perfil de pessoas que deixaram que os problemas e tarefas do dia a dia ocultassem seus sonhos. Elas estão estagnadas em uma zona de conforto paralisante, limitando-se a sobreviver em vez de viver ativamente.

Não se engane, todas as pessoas possuem sonhos e com os conformados não é diferente. Eles querem, sim, ter e viver coisas boas na vida, mas não têm motivação para entrar em ação e buscar esse sonho.

> **Você pode perceber que está neste perfil, quando seu dia de hoje foi igualzinho ao de ontem e, provavelmente, o de amanhã seguirá o mesmo modelo e, assim, seu mês que vem será o igual ao mês passado, seu ano que vem vai ser igual ao ano passado.**

Ainda que o conformado diga "amanhã eu vou", esse amanhã nunca chega e, assim, esta pessoa ignora o tamanho do potencial que possui a cada dia, para elevar a sua vida, a vida das pessoas que a cercam e, por que não, para levar a nossa sociedade a outro patamar bem mais elevado.

Este comportamento é o que eu chamo de síndrome do Morro da Urca. Morro da Urca, se você não conhece, é o

A estratégia mais importante da vida

morro intermediário do complexo do Pão de Açúcar, que é formado por, basicamente, três pontos: a praia vermelha, o Morro da Urca e o Pão de Açúcar.

Ao subir até o Morro da Urca, é possível observar uma vista muito bonita que, praticamente, obriga que você pare e aprecie sua beleza. Mas, isso não chega perto do que é visto ao subir até o morro mais alto: o Pão de Açúcar. Lá em cima, a vista é maravilhosa!

No entanto, algumas pessoas ficam ali, "estagnadas no Morro da Urca", e acham que "já está bom". Não alcançam o próximo nível, autossabotando seu sucesso, por medo, preguiça, ou por não perceberem que estão se deixando afogar pelos problemas do dia a dia.

Elas tentam se enganar, dizendo coisas como: "lá em cima nem é tão bonito assim", "eu não preciso disso", "amanhã eu subo" etc.

Infelizmente, estas pessoas correm o risco de experimentar uma grande frustração! Quando caírem em si, verão que poderiam ter sido ou tido algo incrível na vida, mas não foram e não tiveram. E, muitas vezes, não dá mais tempo.

> **Talvez, você possa estar pensando: eu não me enquadro neste perfil, pois estou correndo atrás dos meus sonhos profissionais. Mas, eu não estou falando apenas da vida profissional. É da vida profissional, sim, mas, também, da vida familiar, afetiva, espiritual... Até mesmo da sua condição como membro de uma sociedade.**

Lamentavelmente, este é um grupo imenso de pessoas!

Perfil 2 – Os sonhadores

Chega o momento, então, que o conformado reveste-se de uma grande motivação, rompe a inércia paralisante, e entra em ação na busca por seus grandes sonhos. Porém, ainda desprovido dos demais comportamentos-chave – determinação, planejamento e humildade – torna-se um sonhador.

> **Você, provavelmente, é um sonhador se está a todo o momento colocando um novo objetivo na vida, ou iniciando um novo projeto, mas, raramente, está alcançando os objetivos traçados ou concluindo os projetos a que se propôs começar.**

A estratégia mais importante da vida

Por natureza, o ser humano é um excelente iniciador de projetos, mas, péssimo para concluí-los. Isso faz com que este perfil dos sonhadores também seja um grupo numeroso de pessoas.

Neste grupo estão as pessoas que já perceberam que suas vidas merecem e podem ser incríveis, e não querem ficar esperando as coisas caírem do céu. Elas dizem para si: "não vou esperar acontecer, vou fazer acontecer". Miram em uma visão linda e espetacular de futuro e acham que, mais cedo ou mais tarde, estarão vivendo esse sonho, que é só encaixar algumas coisinhas e pronto.

Entusiasmadas, entram em ação, mas titubeiam e desistem da caminhada em face aos obstáculos. Aqui também estão aquelas pessoas que ficam "no quase". Fazem quase tudo certo: miram no objetivo, se planejam para alcançá-lo e, quando estão quase lá, a pouquíssimos passos da vitória, não resistem e jogam tudo fora.

Você sabe qual é a maior razão para a desistência? A insegurança! Sim, a insegurança de não saber se dará conta do recado, e a insegurança quanto a estar mesmo no caminho certo.

Perfil 3 – Os conquistadores sofredores

Se você está há anos buscando um objetivo na vida, comprometeu-se em não desistir, mas percebe que existem pessoas que já conquistaram a mesma coisa que você sonha, e em bem menos tempo, pode estar enquadrado aqui neste perfil.

Adicione o elemento força de vontade e determinação a um sonhador, para que ele consiga concluir os seus projetos, mas, deixe de fora o planejamento para se organizar para a jornada e, então, você verá um conquistador sofredor.

O conquistador sofredor é aquele que dá o seu jeito para concluir a missão, custe o que custar. É o primeiro estágio do grupo dos conquistadores, e já tem um grande mérito de conseguir alcançar o que se propôs.

> **O problema é que não precisava ser assim tão sofrido. No afã de não querer "perder tempo", esquece que o tempo "perdido", ao se planejar, na verdade, é um tempo investido, pois se somasse o tempo de planejamento com o tempo de execução planejada, perceberia que o tempo total é bem menor do que a de uma execução improvisada.**

Para usar o exemplo do Pão de Açúcar, que vimos ao falar dos acomodados, o conquistador sofredor é aquele que mira o morro mais alto, só que decide subir a montanha escalando, pois nem se deu ao trabalho de pesquisar o melhor caminho e perceber que já tinham feito um bondinho. Ainda que não existisse um bondinho, este perfil de pessoa não se preocupa em procurar a melhor trilha, ou pegar os equipamentos corretos.

Ela nunca faz a pergunta: "Será que alguém já escalou esta montanha antes e deixou os grampos fincados?".

Muitas vezes, o árduo caminho que o conquistador sofredor está tentando trilhar já foi feito por outras pessoas, e as pegadas foram deixadas para trás. Investir algum tempo em tentar encontrar essas pegadas, achar os métodos e segui-los antes de gastar seus recursos – tempo, dinheiro e saúde – desnecessariamente, fazendo o próprio caminho, é o segredo para deixar de ser um sofredor.

Que possamos, então, fazer uma reflexão:

É comum as pessoas usarem a frase "Nada substitui o trabalho duro!"

Será? Existe substituto para o trabalho duro?

Sim, existe. O trabalho inteligente!

A estratégia mais importante da vida

Perfil 4 – Os conquistadores orgulhosos

Um conquistador sofredor, com toda a sua determinação, acrescida de nada mais do que uma disciplina para se planejar corretamente e cumprir o planejado, se torna um conquistador orgulhoso.

É aquela pessoa que quer transpor uma montanha e, por ser perfeccionista, analisa todos os pontos, os riscos e traça, cuidadosamente, a melhor trilha. Depois disso, age com determinação e disciplina, para não se afastar do planejado, até conseguir. Resultado: atinge de maneira certeira o objetivo planejado, porém comete um de dois erros fatais:

1 - O objetivo planejado não era aquilo que realmente desejava;

2 - Criou tanta obsessão em conquistar esse objetivo, que esqueceu que a sua vida não pode ser vivida de maneira unidirecional, sem cuidá-la como um todo.

Estou querendo dizer que muita gente corre atrás de seus objetivos com determinação e planejamento, mas seus objetivos não são aquilo que realmente irá lhes trazer a felicidade, a paz ou efetivas soluções aos seus problemas.

Outras pessoas, para alcançar os seus objetivos, até conseguem se manter determinadas e disciplinadas, mas com foco unidirecional, sem visão sistêmica para cuidar dos objetivos em todos os pilares da vida (família, amizades, profissão, finanças, saúde, lazer, espiritualidade e sociedade). Assim, ainda que tenham alcançado sucesso em uma área da vida, acabam por construir um belo castelo em banco de areia, sendo questão de tempo para desmoronar. Logo chegam os problemas familiares, de saúde, ou até mesmo conflitos com seus valores internos, pondo tudo a perder.

Enquadram-se também, neste perfil, aquelas pessoas extremamente perfeccionistas. Os perfeccionistas em excesso não admitem erros. Mas, como erros sempre irão existir, ficam travados e perdem um tempo precioso, que poderia estar sendo empregado em efetiva ação incisiva em direção aos seus grandes sonhos.

Sempre é bom lembrar que os erros, além de sempre existirem, são importantíssimos ao aprendizado. A falha não está em cometer erros, mas em negligenciá-los, encobrindo-os ao invés de corrigi-los. Tão importante quanto evitar um erro é criar mecanismos para que eles não voltem a ocorrer.

Perfil 5 – Os conquistadores inteligentes

Assim como os conquistadores orgulhosos, os conquistadores inteligentes são dotados de grande força de vontade e organização, porém possuem um grande diferencial: a sua humildade.

Talvez, você possa estar se perguntando: o que humildade tem a ver com isso? A resposta é: tudo!

A humildade do conquistador inteligente nada tem a ver com submissão ou falta de confiança, mas, sim, com a consciência de que sempre haverá algo mais a aprender.

> **Humildade é saber que você não sabe, nem nunca saberá tudo. Você não é, nem nunca será perfeito!**

Concordo com Mario Sergio Cortella: "uma das coisas mais inteligentes que um homem e uma mulher podem saber é saber que não sabem".

A estratégia mais importante da vida

E quanto mais esse conquistador inteligente se reconhece como incompleto e tendo sempre algo novo a aprender, consegue atrair para sua vida consequências muito desejáveis, quais sejam:

1 - Não perde o foco para alcançar os reais objetivos. Por saber que não é perfeito, mas sim um mero mortal, imperfeito como qualquer um, o conquistador inteligente mantém um sistema ativo de avaliação e reavaliação dos seus objetivos e decisões, sempre na busca da realização dos seus reais objetivos, ou seja, as efetivas soluções que a sua vida está precisando. Ele também não tem medo de dizer: "eu estou errado, preciso corrigir a rota". E, assim, mantém a cabeça aberta para não persistir em erros, só por vaidade, quando todos os fatos, claramente, mostram que o caminho traçado não levará ao sucesso. Uma coisa é acreditar fielmente naquilo que ninguém acredita. Outra é saber, lá no fundo, que está realmente errado, mas não dar o braço a torcer.

2 - Reúne os melhores ao seu redor. O conquistador inteligente é ciente de que não irá muito longe sozinho, precisa de pessoas boas, melhores do que ele em alguma coisa, ao seu redor. Há um famoso ditado de Jim Rohn que diz "uma pessoa é a média das cinco outras com quem mais convive". Acredito que isso seja verdade, e tenho pena de quem busca sempre ser o "melhor da roda", achando que não tem nada a aprender. Os conquistadores inteligentes vão atrás dos melhores e, quando estão como o "pior da turma", ficam entusiasmados, pois é uma oportunidade incrível de aprendizado e de elevação.

3 - Promove a melhoria contínua em todos os pilares. A melhoria contínua é o que os japoneses chamam de Kaizen. O conquistador inteligente reconhece que terá sempre uma falha a resolver e, por sua vez, falhas são oportunidades incríveis de seguir sempre em frente. Dessa maneira, eles se preocupam com uma melhoria contínua de seus processos e de todas as áreas da sua vida, possuindo grande fome de conhecimentos que entreguem soluções e, assim, passam a absorver as críticas como oportunidades de melhoria, e não como afrontas ao seu trabalho ou a sua pessoa.

4 - Não se cobra a perfeição. Até porque sabe que nunca a terá. Conquistadores inteligentes dão o melhor de si, mas, sem a cobrança neurótica de "perfeição ou nada". Sabem que erros são inevitáveis e são oportunidades de aprendizado. Então, em vez de "perfeição ou nada", preferem entrar em ação com o melhor que for possível naquele momento, e corrigem a rota à medida em que reconhecem e identificam os erros.

Não se engane, humildade nesse nível é muito difícil de exercer. Porém, também não se preocupe: ela pode ser treinada. Quanto mais você treinar ser humilde, lembrando-se de "eu não sei tudo" e "há sempre alguém que saiba algo que possa acrescentar na minha vida", você terá muito mais chances de realizar coisas, realmente, sensacionais.

Perceba que, como foi dito, a humildade também em nada tem a ver com falta de confiança ou submissão. Conquistadores inteligentes possuem extrema confiança e foco no resultado desejado. Esse fato de "saber que não sabe" não o torna inseguro. Pelo contrário, é como um par de óculos que lhe serve para enxergar com mais clareza o caminho ao seu futuro.

A humildade, dentro desse conceito, torna clara a necessidade da constante busca dos meios para concretizar seus objetivos, sejam eles os conhecimentos, os instrumentos ou as pessoas certas. Quem não demonstra essa humildade acaba caminhando na escuridão e só percebe um obstáculo quando já bateu nele.

Só sei que nada sei, e o fato de saber isso, me coloca em vantagem sobre aqueles que acham que sabem alguma coisa.

(Sócrates)

A estratégia mais importante da vida

Mas, por que é tão difícil largar a zona de conforto e viver o grande sonho?

Primeiramente, porque iremos enfrentar algo desconhecido e, por natureza, temos medo do desconhecido, ele é desconfortável para nós. Você fica seguro e estável na sua zona de conforto, mas, ao romper os limites dessa bolha, precisará encarar um mundo novo, ao qual você ainda não está totalmente adaptado.

Esse medo só vai embora quando o enfrentamos e mostramos a ele que somos mais fortes. Para esse medo ir embora mais rápido, sugiro que você estude muito, treine bastante e vá anotando cada vitória conquistada, para que você mostre a si o quanto é forte e é possível vencer a jornada.

Além disso, é preciso saber que, infelizmente, quando tomamos coragem de largar a zona de conforto, sair do "Morro da Urca" e buscar concretizar a totalidade do nosso potencial de vida, raramente, conseguimos trilhar um caminho direto de subida.

A turbulência e a instabilidade na vida fazem parte do processo natural do crescimento, e crescer não é fácil... Raramente (para não dizer nunca) haverá uma ponte ou bondinho que o levará ao morro mais alto.

Então, se você quer mesmo contemplar a mais bela vista da sua vida, muitas vezes, terá de ter coragem para descer ao vale, "dar um passo para trás", e encarar o aparente declínio de segurança e qualidade de vida e, uma vez nesse vale, ainda será necessário iniciar a escalada.

Zona de conforto

O sucesso e a felicidade de ter conseguido realizar um sonho

Aparente e temporária recessão, devido ao necessário "passo para trás"

Vítor Cruz

Para viver um grande sonho é preciso ter coragem para soltar algo que o prende na zona de conforto, e dar esse "aparente passo para trás" (aparente, pois na verdade é um importante passo para a frente). Você precisa ser ousado, porém, sem ser inconsequente.

> **Não seja inconsequente, mas seja ousado!**

Esse "vale" e essa "escalada" em busca da realização de nossos sonhos, muitas vezes, não são coisas tão difíceis e nem tão duras de enfrentar. Mas, são zonas desconhecidas, e as pessoas costumam ter medo do desconhecido. E, devido a esse medo do desconhecido, se prendem a uma vida medíocre.

Não se esqueça de que quando você estiver lá embaixo, no vale, vai ter um monte de gente criticando e tentando convencer você de que foi a pior decisão do mundo. É preciso perseverar e se lembrar de que isso é apenas uma aparente e temporária recessão. Dura, porém, necessária.

Lembre-se sempre: não é um passo para trás, é um passo para a frente.

Para exemplificar, permita-me voltar uma vez mais àquela minha história pessoal, com que abri este livro: quando eu tinha 23 anos de idade, decidi largar minha carreira estável e vitalícia de oficial da Marinha, para me tornar, temporariamente, mais um desempregado no Brasil. Isso me gerou uma pressão imensa.

Imagine alguém largar uma carreira super confortável, para "correr atrás de seus sonhos", e ficar sem emprego no mundo de hoje. Muita loucura, não é?

Para não citar outros adjetivos, posso dizer que louco foi um dos mais amistosos que recebi. Mas, quem é o louco? Aquele que tenta explorar ao máximo seu potencial

A estratégia mais importante da vida

de vida, ou aquele que, em sua única vida, por medo, decide destruir seus sonhos?

Não tenha medo de sair do Morro da Urca. Sua vida merece e você consegue! Só não confunda ousadia com inconsequência.

Você precisa ser ousado, pois a sua vida é única, mas, não seja inconsequente de tomar decisões extremas sem ter certos cuidados.

As pessoas que criticavam minha decisão não sabiam que, por trás daquela aparente loucura, havia pelo menos quatro elementos: um objetivo bem definido, um estudo do melhor caminho, um planejamento e muita determinação.

Eu havia, naquela época, decidido ser aprovado para um cargo público civil, que me daria mais liberdade do que a vida militar e, após definido o objetivo e planejadas as metas, foram três anos de preparação, para só, então, concretizar a arriscada decisão de me desligar da Marinha.

Ainda assim, fiquei desempregado por um ano e meio, e a pressão só aumentava, mas, como acreditava, fielmente, em minhas motivações e sabia que tinha feito a coisa certa, bastou persistir para começar a colher muito mais do que imaginava, foram seguidas vitórias profissionais e pessoais.

Hoje, tenho a total certeza de que aquela pessoa que estiver apoiada no tripé "humildade, planejamento e determinação", tornando-se um conquistador inteligente, certamente, conquistará qualquer sonho que brotar em seu coração.

Diante de todo o exposto, pode ser que você já tenha se identificado como um conquistador inteligente. Porém, ainda assim, é muito importante que você se abasteça das ferramentas que serão vistas ao longo desta obra, para que nunca perca o seu rumo.

As realidades indesejadas

As pessoas que ignoram quaisquer dos quatro elementos – entrada em ação; força de vontade para persistir e sobrepor dificuldades; disciplina para planejar uma rota inteligente e trilhá-la de maneira fiel; humildade para realmente reconhecer que está "longe de saber tudo" – acabam por se deparar com prováveis realidades indesejadas, que veremos na tabela a seguir:

Perfil	Possível realidade indesejada	Motivo
Conformado	Frustração (muitas vezes, irreversível), por ter matado seus sonhos.	Lá no fundo, sempre desejou ter uma vida incrível, mas, por falta motivação, coragem ou pura preguiça, não entrou em ação para fazer acontecer. Quando olhar para trás, verá que tinha tudo para ter realizado coisas sensacionais, mas, se contentou com a mediocridade e apego excessivo ao momento de realizações de curto prazo.
Sonhador	Ilusão	Possui sonhos maravilhosos, uma vida utópica espetacular, mas, não tem força de vontade, ou até paciência para pagar o preço de alcançar e permanecer firme até conquistar.
Conquistador sofredor	Martírio	Por faltar um planejamento eficaz e disciplina para trilhá-lo, fica empreendendo esforços por caminhos mais longos do que deveria ou errados. Conquista seus objetivos, mas com muito dispêndio de recursos vitais.

A estratégia mais importante da vida

Conquistador orgulhoso	Infelicidade ou fugacidade do sucesso	Ao traçar um plano, ele se mantém firme na rota, e com disciplina para cumprir. Porém, não teve humildade de questionar suas ações para verificar se os objetivos traçados eram os seus reais objetivos, ou que estava mantendo um foco unidirecional no objetivo, sem visão sistêmica, construindo um belo castelo em banco de areia, questão de tempo para desmoronar.

O conquistador inteligente, por sua vez, é aquele que não transforma seus sonhos em ilusões e sua vida em martírio, nem se torna um colecionador de infelicidades e frustrações.

Consegue canalizar seus esforços para aquilo que é, efetivamente, importante, priorizando suas atividades pela cadeia de valores das soluções que as coisas entregam. Age com foco e determinação e possui visão sistêmica de todos os pilares que sustentam sua vida. Nunca deixa que ela venha a desmoronar.

E, então? Qual é o seu perfil de navegador da vida?

O que você acha de se tornar um conquistador inteligente, aprender mais sobre como se manter nesse perfil e navegar em direção aos maiores sonhos da sua vida?

Terei um imenso prazer em ser seu companheiro de jornada. Então, que tal começarmos a traçar seu grande plano para conquistar uma vida sensacional?

Antes de tudo, é necessário aprender algumas coisas básicas sobre essa tal de navegação.

Vamos aprender a navegar?

> O navio está seguro no porto, mas não é para isso que navios são feitos. (John Augustus Shedd)

Agora que você já decidiu que quer conduzir sua embarcação com segurança, e aportar com exatidão nos maiores sonhos da sua vida, chegou o momento de aprender um pouco sobre a ciência e a arte da navegação.

Sempre que vemos ou ouvimos alguma notícia sobre barcos naufragando, sendo jogados nas pedras ou ficando à deriva, na maioria das vezes, o que aconteceu foi a negligência ou a desatenção em alguma destas três etapas:

1 - Planejamento da navegação;

2 - O guarnecimento e abastecimento da embarcação;

3 - Navegação atenta e focada no cumprimento da missão.

Etapa 1 - O planejamento da navegação

Um navio nunca se lança (ou, pelo menos, nunca deveria se lançar) ao mar, sem antes traçar o planejamento exato da rota. Para fazer esse planejamento, é necessário, basicamente, atenção aos seguintes pontos:

1 - Ter cartas náuticas atualizadas. As cartas precisam estar atualizadas, pois estão sempre mudando. Os perigos de ontem podem não ser os perigos de hoje;

2 - Saber a posição exata de onde o navio está saindo. Antes de saber onde seu navio quer chegar, você precisa saber de onde está saindo. Não adianta saber que quer chegar ao Rio de Janeiro, se não se sabe se está partindo de São Paulo ou do Espírito Santo. Nesses casos, as rotas vão ser totalmente diferentes;

3 - Saber se o navio está pronto para navegar, ou se vai precisar de manutenção. O navio não pode ir ao mar com as manutenções pendentes. Antes de buscar o cumprimento

A estratégia mais importante da vida

da missão, a tripulação precisa, em sentido amplo, "consertar todos os buracos do casco". Por mais imponente que seja um navio, um pequeno buraco no casco pode ser suficiente para afundá-lo. Essa manutenção deve ser feita antes da jornada, mas, também, ser acompanhada com atenção ao longo da viagem, para que não surjam buracos novos ou, se surgirem, serem tapados o mais rapidamente possível;

4 - Saber qual é a sua missão. Todo navio na Marinha tem uma especialidade e vai receber missões de acordo com ela. Por exemplo, existem os rebocadores de alto mar, que recebem missões como resgatar outras embarcações que estão à deriva. Temos, também, navios de assistência hospitalar, essenciais ao atendimento médico e odontológico às populações ribeirinhas;

5 - Saber a posição exata a que se quer chegar. Marcar na carta náutica a posição exata é essencial para podermos ajustar o foco da navegação e completar o roteiro da viagem. O ponto de chegada não pode ser genérico.

6 - Estabelecer o horário estimado da partida e da chegada. Após todo o trabalho de planejamento da rota, é preciso comprometer-se em executá-lo. Para isso, nada melhor do que marcar uma data e uma hora para a partida, e também estabelecer uma estimativa de cumprimento da meta, para que possamos ajustar a velocidade ao longo da viagem.

**Etapa 2 - O guarnecimento
e abastecimento da embarcação**

Antes de lançar-se ao mar, o navio ainda precisa se preparar, colocando-se a bordo de tudo que será necessário para a viagem. Basicamente:

• **Tripulação.** As pessoas, cada uma com sua função, que formarão uma equipe capaz de garantir que o navio navegará com segurança e cumprirá a sua missão;

Vítor Cruz

• **Suprimentos.** Recursos, mantimentos, equipamentos, peças... Tudo aquilo que o navio precisa para alcançar o objetivo desejado e manter a segurança e conforto da sua tripulação;

• **Combustível.** Este deverá ser em quantidade suficiente para alimentar os motores e garantir que o navio consiga alcançar o destino.

Etapa 3 - Navegação atenta e focada no cumprimento da missão

De nada adianta um belo navio, abastecido de todos os suprimentos e com uma rota magnífica planejada na carta, se os navegantes não estiverem atentos a cumprir o plano e corrigir o rumo em direção aos objetivos traçados.

É preciso, então, ter uma tripulação preparada e com hábitos específicos para o cumprimento do planejado. Não adianta navegar sem planejamento, também não adianta planejar e não cumprir, senão o navio ficaria ao bel-prazer das forças aleatórias (ventos, ondas, correntezas etc.) e correria o sério risco de ser jogado às pedras.

Após lançar-se ao mar, o navegante atento cria, então, o que eu chamo de "pontos de ancoragem" (ou pontos de checagem)[1].

Cada ponto de ancoragem seria o momento em que o navegante para, olha para as referências que estão à sua volta, traça na carta náutica as linhas de posição, e compara se a posição observada está dentro da rota que deveria navegar.

Vou contar uma coisa interessante: é muito comum que a posição observada e a rota planejada não coincidam, pois, como disse, temos diversas forças que tentam, a todo o momento, jogá-lo para fora do caminho certo.

---

1 - Ponto de ancoragem não é um nome técnico de navegação, é usado aqui apenas para fins didáticos. Assim, "ancoragem" não está como alusão ao ato de parar e ancorar o navio ao fundo, mas, sim, no sentido de reconectá-lo à rota proposta. Em nosso caso, nos ancorarmos à realidade e à jornada planejada.

A estratégia mais importante da vida

> **Porém, não há nada de errado em verificar que se está fora da rota. Erro grave é não tomar as decisões necessárias para corrigir o desvio.**

Perceba, então, que:

> **Quanto maior a frequência dos pontos de ancoragem, mais fiel à rota será a navegação. A tripulação precisa criar este hábito de verificação.**

Agora, imagine o que aconteceria se o navio se lançasse ao mar sem a sua carta náutica ou com tripulantes desatentos?

Este navio estaria "cego" e, infelizmente, fadado a ficar à deriva, encalhar ou chegar onde não queria ter chegado.

E, diante dessas consequências desastrosas, eu pergunto: você, que já navega no mar da vida há tantos anos, pegou a sua carta náutica antes de se lançar ao mar? Ou está assumindo o risco de ficar à deriva, encalhar ou chegar rápido, porém, onde não quer chegar?

Isso mesmo, como já conversamos, o que é a nossa vida senão uma grande navegação em direção aos nossos grandes sonhos, onde encontramos ventos, ondas e correntezas que tentam nos tirar do rumo a todo momento e nos impedir de conquistá-los?

Você pode, merece e, certamente, chegará com exatidão e segurança aos maiores sonhos da sua vida, ainda que passe por mares turbulentos, caso você seja um bom navegante na vida. É por isso que, a partir de agora, iremos aprender como aplicar todos esses conceitos na sua vida.

Vítor Cruz

Parte 2:
O plano de navegação da vida

Vítor Cruz

Primeiro passo: possuir uma carta náutica atualizada para a sua vida

Os que se encantam com a prática sem a ciência são como os timoneiros que entram no navio sem timão nem bússola, nunca tendo certeza do seu destino. (Leonardo da Vinci)

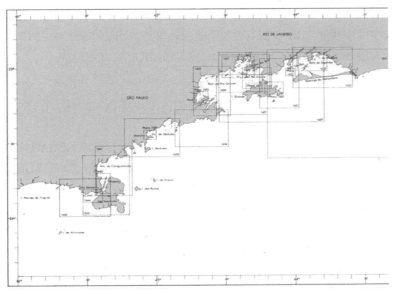

A estratégia mais importante da vida

A cada dia, nossa sociedade está mais estressada, afogada em tarefas, estrangulada pelo tempo e vivendo de uma forma desequilibrada e pouco produtiva, do ponto de vista do que realmente é importante. E, comigo, não era diferente. Porém, felizmente, veio o despertar e passei a ter consciência do problema e, então, pude fazer algo para resolvê-lo.

Quando percebi que estava me limitando a sobreviver, um dia após o outro, em um piloto automático, me apegando às coisas desnecessárias, fúteis e que em nada agregavam à minha existência ou felicidade – ou seja, fazendo de meus dias um amontoado de grãos de areia, sem sentido e sem valor – comecei a me dedicar intensamente a aprender, aperfeiçoar, desenvolver e, principalmente, colocar em ação ideias e técnicas para organizar minha vida e, ao mesmo tempo, me lançar incisivamente rumo à conquista de meus sonhos.

Depois de muito estudo e testes práticos, consegui desenvolver algo simples e de comprovada eficácia duradoura, aplicável por qualquer pessoa, para, definitivamente, racionalizar e potencializar o uso de recursos vitais como tempo, dinheiro, saúde...

Nascia a "carta náutica da vida".

Este instrumento, que é capaz de planificar sua vida em uma folha de papel, e gerar um compromisso com a busca de seus sonhos, certamente, o ajudará imensamente a se organizar para a longa e dura jornada. Dessa maneira, você conseguirá muito mais facilmente priorizar o que realmente deve ser priorizado, dar valor àquilo e àqueles em que você enxerga importância e, enfim, passar a viver

Vítor Cruz

como efetivamente gostaria de estar vivendo, sem abrir mão da busca de seus grandes objetivos de vida.

Assim, com esse instrumento, dará o primeiro e grande passo para acabar de vez com o desequilíbrio que gera enorme desgaste na vida. Além do mais, vai evitar equilibrar sua vida pela mediocridade (equilíbrio destrutivo) em que iria abrir mão de seus sonhos e grandes projetos, em troca de uma vida mais tranquila, ou uma vida "nota 7" em tudo.

Você terá em suas mãos a possibilidade de equilibrar a sua vida, nivelando-a pelo alto (equilíbrio construtivo), e gerar o que eu chamo de "equilíbrio intenso". Assim, você perceberá que a intensidade não é e nunca foi a vilã do processo. É possível, sim, e muito melhor, aliar intensidade ao equilíbrio, buscar ter uma vida nota dez na profissão, na família, no lazer, na parte espiritual e na sua condição como um membro da sociedade.

Isso será possível por meio de um processo de mudança de foco e de hábitos:

> **Em vez de direcionar sua intensidade para a quantidade, passe a direcioná-la para a qualidade.**

Em essência, seus clientes (ou seu chefe) não querem que você trabalhe mais, eles querem que você trabalhe melhor (entregue mais valor agregado). Fazendo isso, você conseguirá ganhar mais, ainda que trabalhe menos.

Seus familiares, com certeza, ficarão muito mais felizes se você estiver, realmente, presente e com qualidade nessa presença, em vez de passar horas e horas com eles, mas com a mente ausente, ou só causando confusões e discussões.

Até mesmo a sua mente não quer mais tempo de

A estratégia mais importante da vida

lazer para ficar numa boa. Ela quer que você pare de se enganar achando que "ocupações improdutivas" são as suas horas de relaxamento e passe a, efetivamente, ter um lazer de qualidade, ainda que por pouco tempo.

Promovendo essa mudança de foco, as 24 horas do dia conseguem, sim, ser suficientes para dar conta de tudo o que precisa ser feito. Mas, isso não se faz de uma hora para a outra, nem de um dia para o outro, não é um ato, é um processo. Todo um processo de organização da vida e mudança de hábitos, ou seja, de navegação correta. E, sendo um processo de navegação:

> **Tudo começa montando a sua carta náutica da vida.**

A carta náutica da vida será o instrumento central e essencial para que você possa, de maneira mais fácil e rápida, passar a se organizar para viver cada dia com o valor real que ele tem: o valor de um grande e precioso diamante.

Visto isso, vou apresentar-lhe um padrão de construção da sua carta náutica da vida. Esse formulário está em branco, pois ele será apenas o suporte sobre o qual você traçará a sua própria rota – mas, não se preocupe, até você aprender bem o processo, vamos caminhar juntos nessa definição, ao longo das próximas páginas.

> **Mas, lembre-se: a sua carta náutica deve estar sempre atualizada, pois, assim como no mar, os perigos de ontem não são mais os mesmos perigos de hoje, a sua vida é dinâmica. Você hoje não é mais quem era ontem, seus planos, ambições e até mesmo seus valores evoluem e a sua rota na carta náutica deve prever essa evolução.**

Vítor Cruz

Para você ter uma ideia dessa dinâmica, eu reviso as minhas metas todo mês e, de seis em seis meses, reescrevo totalmente a minha carta náutica, para que ela sempre acompanhe a minha evolução como pessoa.

O modelo da carta náutica da vida, em branco e em formato de folha A4 (frente e verso), pode ser baixado gratuitamente no meu site www.ibecav.com.br. Acesse-o, baixe esse modelo tão logo for possível e vamos preenchê-lo juntos, a partir de agora.

Esse modelo que você irá baixar estará totalmente em branco – assim como o que verá nas páginas a seguir – e você terá total poder e liberdade para traçar a rota que desejar. Em outras palavras, o que quero dizer é que o seu futuro está em branco e você tem todo o poder de escrevê-lo da maneira como decidir.

Observe, então, com atenção, o modelo de carta náutica da vida a seguir. Não se preocupe, ainda, com o seu preenchimento, pois nós iremos fazê-lo juntos, passo a passo, ao longo desta obra.

Valores	Atitudes a serem mantidas ou incentivadas

Família e amor	Amizade	Profissão e desenvolvimento	Finanças e patrimônio	Metas anuais
				Metas para os próximos 30 dias

Saúde	Lazer	Espiritualidade	Sociedade	

Missão pessoal
Eu me enxergo assim, no último dia da minha vida
Eu me enxergo assim, no ano _____ (Dez anos após o primeiro planejamento)
Eu me enxergo assim, no ano _____ (Cinco anos após o primeiro planejamento)

A estratégia mais importante da vida

Por que o uso efetivo da carta náutica da vida dá tão certo?

Imagine que você diga para um amigo: "Vamos sair qualquer dia desses, para nos divertirmos?". E ele responde: "Claro, vamos marcar!". O que, geralmente, acontece? Vocês nunca marcam e nunca saem para se divertir juntos.

Quando, excepcionalmente, resolvem marcar algo, começam a surgir dúvidas: "para onde vamos? Cinema, restaurante, teatro ou praia? A que horas? Eu pego você em casa ou nos encontramos lá? Será que a estrada está em obras?". E inúmeras outras. Quanto mais perto do momento marcado essas dúvidas começam, maior a probabilidade de o programa não dar certo ou atrasar muito.

Por outro lado, imagine que você diga para um amigo: "Posso passar na sua casa amanhã, às 20 horas, para a gente assistir a estreia do filme X, no cinema Y?". E se ele responder "Claro, está marcado!", no dia seguinte, será só executar o plano, sem dúvidas, estresse ou empecilhos.

> **Se a atividade está planejada, basta executar. Se não está planejada, surgem dúvidas, obstáculos, dificuldades e, geralmente, a execução falha.**

A carta náutica da vida antecipa o momento das dúvidas e, por meio de um diagnóstico preciso, que faremos mais à frente, você já terá em mãos, para pronto uso, e de maneira organizada, tudo o que é importante para a sua vida. E considerando todos os pilares que a sustentam. Tudo o que será necessário, então, é que você invista alguns poucos minutos do seu dia, para lançar um olhar no seu planejamento e tomar a decisão de executar.

Vítor Cruz

Como eu já disse, essa mudança não é um ato isolado, é um processo de mudança de hábitos. Por isso, montar essa carta será um importante passo, e você irá perceber claramente isso, a partir dos resultados que conseguirá obter em sua vida.

Vítor Cruz

Segundo passo: saber de que porto seu navio está partindo

> Não há transição que não implique um ponto de partida, um processo e um ponto de chegada [...]. Temos de saber o que fomos e o que somos, para sabermos o que seremos. (Paulo Freire)

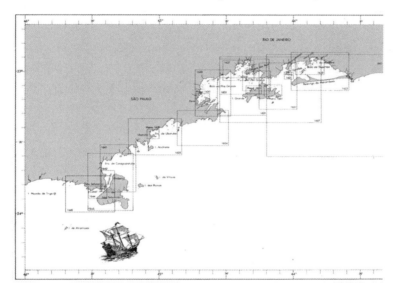

A importância do autoconhecimento

Para iniciar o planejamento da rota na Carta Náutica, precisamos, antes de qualquer coisa, marcar a posição exata em que estamos. Isso é necessário porque, como já foi dito, um navio que quer chegar ao Rio de Janeiro, saindo de São Paulo, terá uma rota completamente distinta daquela que teria, caso estivesse saindo do Espírito Santo.

Isso se aplica a, praticamente, tudo na vida. Veja só: suponhamos que você é um gestor de um grande hospital, e que precisa reduzir os gastos de tempo e dinheiro nos tratamentos dos pacientes. Qual seria a sua prioridade de investimento?

A estratégia mais importante da vida

Quando faço essa pergunta, é comum as pessoas falarem em passar a usar tratamentos mais modernos e eficientes. Porém, bem antes de investirmos em tratamentos, devemos priorizar a precisão do diagnóstico, simplesmente porque, quando você souber exatamente o que precisa ser tratado, vai parar de gastar tempo e recursos no tratamento da causa errada.

> **O diagnóstico preciso da situação atual é sempre o primeiro passo de qualquer planejamento inteligente ou tomada de decisão inteligente.**

Em nossa vida, o diagnóstico é, na verdade, um exercício de autoconhecimento.

Eu sempre digo que "conhecimento não se soma, conhecimento se multiplica". Eu digo isso porque o conhecimento não é estanque, não possui barreiras, sendo inevitável que, uma vez absorvido em sua mente, ele se combine com outros conhecimentos que você já tenha, gerando novos conhecimentos, transformando-se em algo totalmente novo. Assim, temos uma fórmula interessante: "conhecimento + conhecimento = conhecimento ao quadrado".

Então, seja sedento por novos conhecimentos, e isso irá gerar em sua capacidade de evoluir um incremento exponencial, e não apenas linear.

Entretanto, tão ou mais importante do que o conhecimento é o autoconhecimento. Se conhecimentos unidos se multiplicam, o que dizer quando você começa a ter clareza das suas reais necessidades e do seu potencial de transformar tudo isso em ação?

Ame as perguntas, entenda como funciona a sua mente, questione a sua forma de agir, os seus limites, os seus processos internos e externos. Já nos dizia o célebre ensinamento de Sun-Tzu[2], na obra *A arte da guerra*:

> **Ignores ao mesmo tempo teu inimigo e a ti mesmo, e então só terás derrotas.**
>
> **Ignore teu inimigo e conheces a ti mesmo, e terás idênticas chances de ganhar ou perder.**
>
> **Conhece teu inimigo e conhece-te a ti mesmo; e se tiveres cem combates a travar, cem vezes serás vitorioso.**

Seria impossível uma única obra esgotar a temática do autoconhecimento, pois se trata de um trabalho para a vida inteira. Em minha outra obra *Quem é você? Poderosas ferramentas de autoconhecimento*, tive a oportunidade de destrinchar em diversas ferramentas essa primordial fase da organização da vida.

Aqui, no entanto, não podemos perder o nosso foco, que é olhar a sua vida em uma visão de topo e criar um alicerce para que os demais conhecimentos venham a ser sedimentados.

No entanto, após terminar a leitura deste livro, recomendo, fortemente, que você inclua a temática do autoconhecimento entre as suas prioridades.

Para que possamos, no entanto, dar um excelente pontapé inicial sobre o tema, eu lanço um desafio a você: comece, a partir de agora, diariamente, verificar o ambiente ao qual está exposto e se perguntar se está em alguma destas situações:

---

2 - Adaptado.

A estratégia mais importante da vida

Situação 1 – Que maravilha de lugar ou atividade. Eu quero mais!

Situação 2 – Quero sair o mais rápido possível daqui.

Situação 3 – Estou indiferente. Não está tão ruim, mas nem tão bom.

É bem provável que, em essência, as atividades que fazem você se encontrar na "situação 1" sejam aquelas que irão valorizar suas forças, propensões e ambições. Já as da "situação 2" sejam as que vão drenar suas energias e você estará sendo forçado a fazer algo para o qual não tem habilidade ou predisposição.

Faça, diariamente, essa análise de como está reagindo diante do ambiente, não só para se colocar cada vez mais nas situações atrativas, e repelir as negativas, mas, para entender a essência, o porquê de tudo aquilo que está por trás deste sentimento.

Por que você não gostou de estar ali ou realizar aquilo?

Por que você adorou realizar aquilo outro ou estar lá?

Por que foi indiferente?

Busque esta essência, todos os dias, ao longo de toda sua vida e, assim, refine seu foco para, aí sim, colocar-se cada vez mais diante das situações que valorizam aquilo que você tem de melhor.

E, agora, tome nota de um dos principais ensinamentos deste livro, anote mesmo, para nunca esquecer:

> **A chave do seu sucesso, da sua produtividade e da sua felicidade está em achar as suas forças e as oportunidades para usá-las, e não em gastar energia tentando corrigir as suas fraquezas.**

Se você não anotou isso que eu disse, em um local onde veja todos os dias, pare agora e anote. Vou explicar, rapidamente, o porquê disso.

Sempre que você tem um grande projeto a executar, em nosso caso, o projeto da sua vida, nós precisamos entender o cenário no qual estamos agindo. E, quando falamos em cenário, temos que entender que ele possui um ambiente interno e um ambiente externo.

O ambiente interno é tudo aquilo que você pode controlar e depende de você: seus comportamentos, seus conhecimentos, suas habilidades, seus desejos, seus mais variados recursos.

O ambiente externo é tudo aqui que você não controla, ou seja, as diversas oportunidades e ameaças que existem no mundo, sejam elas de ordem política, social ou econômica.

Entendendo, por meio do autoconhecimento, como está o nosso ambiente interno. Podemos partir para uma análise de como agir diante do externo. E, assim, conseguimos ter – na ordem pessoal – a amplamente conhecida "Matriz SWOT" (Iniciais em inglês para "forças, fraquezas, oportunidades e ameaças").

Então, o cenário da sua vida seria assim:

Minhas forças	Minhas fraquezas
Todos os meus conhecimentos; habilidades; comportamentos que considero positivos; e coisas que eu amo fazer.	Todos os conhecimentos e habilidades que eu até gostaria de ter, mas ainda não tenho; as minhas dificuldades e coisas que "odeio" fazer.
Oportunidades no ambiente externo	Ameaças no ambiente externo
Liste aqui coisas que acontecem no mundo ao seu redor que são oportunidades de exercer suas forças.	Liste aqui os possíveis empecilhos que podem acontecer e, com isso, gerar um obstáculo para você.

A estratégia mais importante da vida

Vamos pegar o exemplo de uma pessoa desempregada, mas que ama cozinhar, e todos elogiam sua comida.

Minhas forças	Minhas fraquezas
Adoro cozinhar e faço isso muito bem / Eu sou muito simpático, e conheço todos da região / Sou muito determinado e perfeccionista.	Não tenho como me ausentar de casa / Não sou bom com vendas / Não sei fazer comidas requintadas, somente pratos do dia a dia / Não tenho equipamento para congelar alimentos.
Oportunidades no ambiente externo	**Ameaças no ambiente externo**
Existem diversas empresas ao redor da minha casa, com muitos funcionários.	Embora caros, existem muitos restaurantes já estabelecidos na redondeza.

Eu não quero que você pare e preencha uma "matriz SWOT" para você agora, faça isso somente se achar interessante e estiver iniciando um projeto de vida específico. O que eu quero mostrar, na verdade, é o seguinte:

1. A sua vida deve girar em torno das suas forças, combinadas com as oportunidades;

2. As suas fraquezas e as ameaças devem ser apenas administradas para que não se tornem obstáculos. E, sempre que possível, delegue e terceirize o que dependa das suas fraquezas, associando-se a alguém que as tenha como força.

3. Invista, cada vez mais, nas suas forças, e em achar oportunidades para alocá-las.

Vítor Cruz

Quando você investe nas suas foças, começa a desenvolver um caminho em direção à excelência. E, quando terceiriza o máximo de coisas que você não faz bem ou não gosta, consegue se manter mais tempo executando, justamente, o que é ou está se tornando excelente e, assim, consegue se colocar no que chamo de "Zona de maestria", que é o local onde você faz coisas que ama fazer, que faz bem e que, ainda, consegue resultados fantásticos com isso. Faz sentido para você?

A bússola dos nossos valores

Que instrumento fantástico para a tomada de decisão é a bússola de nossos valores. A bússola indica o norte para os navegantes e, assim, ele pode corrigir a rota em direção aos seus reais objetivos.

A nossa bússola também nos mostra se estamos indo contra aquilo que mais prezamos na vida. Os valores são as premissas e sentimentos que direcionam seus atos. Qualquer decisão contra seus valores é um passo certo à infelicidade.

Um importante alerta: você precisa, desde já, entender que é você quem determina quais são os seus valores. Não aceite os que o seu meio tenta lhe impor. Porque, uma simples mudança de valores pode modificar a sua vida.

É comum ver pessoas se queixando de passarem a vida sendo fiéis a valores que, na verdade, eram verdadeiras obrigações e não refletiam aquilo que, realmente, valorizavam na vida.

Sempre que vou revisar minha carta náutica da vida, faço um exercício onde reorganizo meus valores, para tentar promover alguma mudança de maneira a extrair o máximo da minha vida.

Vou propor este exercício a você. Vamos lá. Pegue um papel, e liste dez valores que considera os mais importantes em sua vida. Vou mostrar alguns:

A estratégia mais importante da vida

Felicidade, honestidade, humildade, gratidão, crescimento pessoal, crescimento financeiro, amor, determinação, família, paixão, confiança, segurança, liberdade, responsabilidade, contribuição, fidelidade, amizade, sinceridade, companheirismo, reconhecimento, aceitação, comprometimento, responsabilidade social, responsabilidade ambiental, respeito, altruísmo, foco, realização, saúde pessoal, solidariedade, equilíbrio, intensidade, sucesso, poder, coragem, fazer a diferença, deixar um legado, conforto, aventura, lazer, dignidade.

Você pode usar outros valores que não estão listados acima, se preferir. O importante agora é que você pegue um papel e liste os seus dez valores mais importantes – apenas dez, não passe disso! Escreva aqueles valores que você julga serem os mais importantes para a sua vida – não aqueles que "a vida lhe impôs", mas aqueles que você irá impor ao mundo, e sobre os quais vai passar a balizar as suas ações daqui para a frente.

Tarefa difícil? Tome o tempo que julgar necessário... Mas, liste estes dez valores agora! Isso é fundamental para você prosseguir aproveitando o máximo deste método que estou apresentando.

Faça a sua lista!

Vítor Cruz

Feita a sua lista, agora vou passar uma tarefa ainda mais difícil. Pegue esta lista de dez valores, e os coloque em uma ordem hierárquica. Isso mesmo. Decida! Tome uma decisão de escolher o que é mais importante para você: amor ou honestidade? Felicidade ou segurança? Crescimento pessoal ou fidelidade?

Você precisa decidir, pois esta é a essência da sua vida. Sua vida é pautada por decisões, e as suas decisões deverão ser pautadas por seus valores.

Mesmo que não pareça, você sempre usa a sua hierarquia de valores, ao decidir como irá agir diante de cada situação. O que eu quero é que você pare de fazer isso inconscientemente, e comece a exercitar uma tomada consciente de decisão.

Pronto? Dez valores listados e hierarquizados? Maravilha. Aproveite e liste-os no campo de valores da sua carta náutica da vida:

Valores

Exemplo:

Valores
Família, honestidade, fazer a diferença, confiança, crescimento pessoal, comprometimento, foco, gratidão, fidelidade, altruísmo.

Vale lembrar que demonstrar bons valores vai muito além de "ser uma boa pessoa" ou "contribuir para um mundo melhor". Quando você consegue, realmente, demonstrar bons valores, isso se torna determinante para o aumento de suas chances de ser bem-sucedido em

A estratégia mais importante da vida

diversos aspectos, seja nos relacionamentos pessoais ou profissionais. Dessa forma, ser fiel a bons valores, com certeza, é essencial para que você consiga sucesso no alcance de seus principais objetivos de vida.

Outro procedimento auxiliar de nossa navegação é aproveitar a carta náutica, para nos lembrar de atitudes que queremos manter ou incentivar em nossas vidas. Aproveite e preencha, agora, este campo, de maneira livre, com todos aqueles comportamentos que você gostaria de ser lembrando, constantemente, para melhorar, corrigir ou manter em sua vida:

Atitudes a serem mantidas ou incentivadas

Exemplo:

Atitudes a serem mantidas ou incentivadas
Não falar mal dos outros;   Escutar mais do que falar;   Não ser grosseiro;   Não ter preconceitos.

Mapeando os seus pilares

Como já conversamos, não podemos ter foco unidirecional na vida, senão estaremos construindo um belo castelo em banco de areia, e será questão de tempo para vermos tudo desmoronar.

Se quisermos, realmente, construir uma vida sensacional, que se perpetue em longo prazo, como uma verdadeira fortaleza, não podemos nos preocupar apenas com nosso crescimento. Antes disso, temos que cuidar dos nossos alicerces, dos fundamentos desta grande e imponente obra que é a nossa vida.

Na vida, temos dez pilares fundamentais:

- Família;
- Amoroso;
- Amigos;
- Profissão;
- Estudos e desenvolvimento;
- Finanças;
- Saúde;
- Lazer;
- Espiritualidade;
- A nossa condição na sociedade.

Como você acha que estão os seus pilares? Eles estão firmes? Estão bem equilibrados? Você tem cuidado de todos eles? Vamos verificar?

Faça, para cada um dos dez pilares, a seguinte pergunta: qual a descrição que melhor se aplicaria a essa área da sua vida?

- Estou totalmente insatisfeito (nota 0);
- Estou muito insatisfeito (nota 2);
- Considero ruim, mas não tira o meu sono (nota 4);
- Considero bom, mas, sei que poderia estar melhor (nota 6);
- Está ótima! (nota 8);
- Excelente. Estou vivendo um dos melhores momentos da minha vida nesta área (nota 10);

Agora, pinte o desenho a seguir com aqueles valores que você respondeu:

A estratégia mais importante da vida

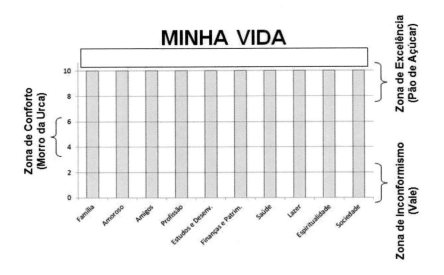

E, então? Como realmente estão os alicerces da sua vida? Que recado a pintura do desenho acima lhe dá neste momento?

Veja que coisa interessante, se você se considerou como estando com nota zero (totalmente insatisfeito), ou nota dois (muito insatisfeito) em alguma área da vida, na verdade, você está melhor do que se tiver dado nota quatro (considero ruim, mas não tira meu sono), ou nota seis (considero bom, mas sei que poderia estar melhor), pois está inconformado com uma área da vida, que não está sendo concretizada em todo o seu potencial.

Estas notas "seis" e, principalmente, as notas "quatro" são aquelas coisas que vão corroendo seus pilares dia após dia, silenciosamente e, sem que você perceba, colocam tudo muito perto de desmoronar.

Já o inconformismo é o primeiro passo para a busca de uma mudança rumo à zona de excelência em sua vida. Você se lembra de que os "conformados" formam o perfil inicial daquela escada até o conquistador inteligente?

Vítor Cruz

É interessante que você preencha e atualize este desenho, regularmente, em sua vida, para saber como está a sua evolução quanto ao equilíbrio intenso da sua vida. Eu, por exemplo, preencho este meu diagnóstico dos pilares, semestralmente, que é o período que estabeleci para a revisão da minha carta náutica da vida.

Hora da ação!

Aproveite este momento em que você está com a visão de seus pilares bem clara em sua mente, e preencha em sua carta náutica da vida quais são os pontos, de cada um de seus pilares, que realmente têm importância na sua vida, e necessitam de manutenção para conquistar objetivos sustentáveis, e se apropriar de uma vida coerente com suas reais ambições.

Anote no espaço de cada pilar tudo aquilo de bom que você já tem na vida, mas precisa fazer a manutenção correta; aquilo que precisa melhorar em determinado pilar, e você vai se comprometer em melhorar; e as suas paixões, entusiasmos, ou coisas que lhe instiguem grande senso de importância.

Família e Amor.	Amigos	Profissão e Des.	Finanças e Patr.

Saúde	Lazer	Espiritualidade	Sociedade

A estratégia mais importante da vida

Família e Amor.	Amigos	Profissão e Des.	Finanças e Patr.
Filhos Esposa Mãe Pai Irmão Avó Avô Primos	Amigo "André" Amigo "Beto" Amigo "Carlos"	Projeto "A" Livro "B" Estudar tema "X" Estudar língua "Y"	Reduzir gastos Poupar mais Estudar sobre "F"

Saúde	Lazer	Espiritualidade	Sociedade
Alimentação Esporte "A" Academia Dentista Fonoaudiólogo Ortopedista Nutricionista	Viagem Teatro Música Gastronomia Programas de TV Ócio Viagem Teatro Música Gastronomia Programas de TV Ócio	Estudos sobre "X" Frequentar "Y" Lembrar do tema "Z"	Projeto A Instituição B Palestra P Doar sangue Cadastro medula Conversar sobre Z

Vítor Cruz

Terceiro passo: ter a certeza de que seu navio está pronto para a viagem, no que diz respeito à manutenção

> Você precisa cuidar bem do seu barco, senão como vai navegar por aí? (Caio Fernando Abreu)

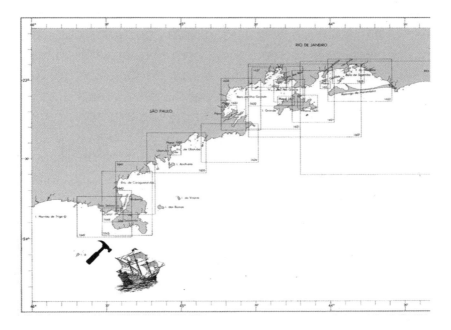

Depois de refletir, profundamente, sobre sua vida, em todos os pilares que a sustentam, eu gostaria de fazer uma pergunta: você considera que seu navio está pronto para as duras ondas da viagem, ou ele precisa de manutenção ou reforço nas estruturas?

Surge o momento, então, de definirmos seus "objetivos primários".

A estratégia mais importante da vida

O que são, realmente, objetivos?

A primeira coisa que temos de distinguir é a diferença entre meio e objetivo.

As pessoas costumam experimentar uma grande angústia na definição de seus objetivos de vida, principalmente, pelo fato de estarem focando no meio, em vez de focar, realmente, em qual solução estão buscando para suas vidas.

Muitos ex-alunos meus, na época em que eu ministrava aulas de preparação para concursos públicos, matriculavam-se no meu curso sem sequer saber o que, efetivamente, fariam no dia a dia daquele cargo que estavam buscando. E ficavam pendentes as respostas de questões como: "O que alcançar aquele cargo solucionaria na vida deles?", "E no que prejudicaria?", "Será que eles ponderaram, corretamente, as consequências de assumir aquele cargo, para saber se valeria a pena?". Sem essas respostas não se pode buscar nada como sendo o que eu chamo de "real objetivo".

Reais objetivos sempre devem ser soluções

No exemplo do cargo público, em uma eventual aprovação do aluno, ele iria encontrar algumas soluções para a sua vida, como um bom salário, *status*, segurança e jornada de trabalho bem definida, claro que com as devidas variações entre um cargo e outro.

Por outro lado, alcançar tais soluções traria algumas consequências negativas: relativa estagnação profissional; salários equiparados, independentemente de produtividade; uma possível falta de flexibilidade na jornada, e de liberdade para exercer uma possível paixão profissional – também, neste caso, com variações entre os cargos.

Mas, então? O que pesa mais? O que é mais importante na vida?

A resposta é simples: depende da hierarquia dos problemas de cada pessoa. Os problemas de uma pessoa não são os problemas de outra. Logo, tudo começa prestando-se muita atenção ao diagnóstico que fizemos no capítulo anterior.

O que você, realmente, tem de problemas hoje?

Aquilo que você está buscando solucionará mais os seus problemas, ou impactará mais em outras áreas que estão boas? Dentro das suas convicções, este impacto é, realmente, compensador?

O que é bom para mim, pode não ser bom para você... Mas o meu diagnóstico inicial também não será o mesmo que o seu. Logo, as soluções (reais objetivos) que você deve procurar, provavelmente, serão diferentes das minhas.

Eu sempre digo que uma empresa que não soluciona algo para a sociedade não tem razão de existir. Um produto que não soluciona problema algum para o cliente é um produto que não presta. Por exemplo, uma música é uma solução para a necessidade de lazer, entretenimento ou cultura. Uma comida é para solucionar a necessidade biológica da alimentação, ou para dar prazer aos sentidos humanos. Um *resort* de praia entrega ao cliente momentos em família e despreocupações...

Produtos entregam soluções. Produtos que não entregam soluções existem, mas são, essencialmente, inúteis. De igual forma:

A estratégia mais importante da vida

> **Um objetivo que não lhe entrega as soluções para aquilo que você está realmente precisando ou, pior ainda, estraga aquilo de bom que você já tem, é um objetivo que não serve!**

Um objetivo assim, que você não diagnosticou como sendo uma efetiva solução para o que você está precisando, não pode ser seu objetivo real. Ele irá desgastar muitas das suas forças em uma direção que não estará contribuindo para sua verdadeira viagem pela vida.

> **Enxergue-se como um cliente para você mesmo, e seja a melhor empresa do mundo para este cliente. Não deixe os problemas dele na fila de espera, relegados a um segundo plano.**

Você está passando por problemas pessoais? Profissionais? Financeiros? De saúde? De tempo?

Como você pode agir hoje, para começar a solucionar estes problemas na sua vida? Qual seria o primeiro passo a ser dado? Quais seriam os próximos passos?

Comece a pensar dessa forma e busque atividades que, realmente, lhe direcionem à satisfação e à plenitude. Pare de gastar seu tempo e energia em coisas que não lhe trarão nenhuma solução. Elas são, essencialmente, inúteis. Não faça só por fazer. Prefira o ócio, que é também necessário à alma, a jogar fora sua energia e seu tempo.

Cuidado, no entanto, para não confundir "buscar coisas que tragam soluções a sua vida" com "fazer só aquilo que gosta".

Vítor Cruz

Para conquistar grandes coisas na vida, precisamos pagar preços. E estes preços são pagos fazendo coisas que nem sempre gostamos, desde que estas coisas estejam alinhadas com a solução que estamos buscando. Falar "faça somente o que gosta" é uma temeridade.

Por isso, insisto: foque na finalidade, na solução e não no meio que lhe entrega as soluções. Às vezes, o meio vai ser um pouco árduo, mas a solução vai compensar. E, quando você coloca o foco na solução, acaba percebendo que pode obtê-la por vários meios diferentes, e que caberá a você ponderar esses diversos meios e decidir o melhor caminho. Lembre-se, ainda, de que, muitas vezes, a própria busca e o foco na solução dos problemas já é a própria solução!

Considere que um diagnóstico errado da situação atual trará como consequência uma estipulação de objetivos errados. Então, caso você não tenha se preocupado muito com o diagnóstico do capítulo anterior, volte lá agora e o refaça com mais atenção e cuidado.

É importante ressaltar, novamente, que não estou falando apenas dos objetivos profissionais. Este é um conceito que se aplica a todos os pilares da sua vida. Devemos nos lembrar de que para alcançar ou buscar determinado objetivo em uma determinada área de nossa vida isso impactará nas demais áreas.

Assim, o que estou propondo fazer aqui é que seja quebrada uma lógica comum do planejamento, de fazê-lo cegamente, de trás para a frente – ou seja, pensar onde se quer chegar, e depois traçar os passos para ir até lá.

O melhor é, inicialmente, diagnosticar com a maior exatidão possível a situação real que estamos vivendo. Quanto mais você estiver firme sobre aquilo que quer manter na sua vida, a qualquer custo, e aquilo que precisa realmente melhorar, melhor conseguirá traçar seus reais objetivos.

A estratégia mais importante da vida

Estabelecendo os objetivos primários

Para ficar mais fácil para você, em resumo, seus objetivos primários devem ser um conjunto de três coisas:

1- Melhorar as áreas da vida que você diagnosticou como não estando boas;

2 - Dar manutenção correta, ou melhorar ainda mais aquilo de bom que você já tem na vida;

3 - Ir atrás de suas paixões, entusiasmos, daquilo que você faz com excelência ou que o instigue grande senso de importância. Mas, sempre cuidando para que isso não tenha impacto destrutivo no que já está bom.

Essas três ações são para a definição de objetivos. Agora, vamos falar sobre a tomada de decisão.

Como tomar decisões que venham a mantê-lo alinhado aos seus reais objetivos de vida – as três perguntas-chave da tomada de decisão.

Depois de definir seus objetivos primários, como então saber se a suas decisões estão levando você em direção aos objetivos? Simples. Sempre que estiver diante de uma tomada de decisão, responda a estas perguntas:

1 - Esta decisão me entrega uma efetiva solução (qual solução?), ou é um mero conquistar por conquistar, algo que vou fazer por fazer?

2 - Esta decisão traz algum impacto negativo em relação às outras áreas da minha vida? Atinge o núcleo essencial de algum pilar?

3 - Esta decisão me entusiasma, ou tem importância real, a ponto de suportar o impacto negativo em prol da solução que causará?

Simplificando as três perguntas-chave para você nunca mais esquecer:

1 - Qual solução isto entrega?

2 - Qual impacto isto gera?

3 - Estou disposto a suportar este impacto em prol da solução?

Guarde estas três perguntas em seu coração, e em algum lugar onde sempre se lembre delas, até criar o hábito de fazê-las a todo o momento.

Quando você decidir fazer algo, e titubear em dizer qual solução isso entrega na sua vida, não precisa nem fazer as outras perguntas, porque isso não o levará em direção aos seus reais objetivos. Mas, caso você consiga achar uma boa resposta para a pergunta "1", continue com as próximas para saber se vale a pena ir atrás da solução, mesmo diante dos impactos que serão causados.

Use as três perguntas-chave para qualquer decisão que você precise tomar em sua vida, seja comprar um sapato, uma casa, começar a namorar, mudar de emprego, de cidade etc.

Se, após responder as perguntas, você ainda ficar na dúvida em tomar ou não a decisão, provavelmente, a sua decisão não o levará em direção a reais objetivos. De qualquer modo, você vai sempre acabar tendo mais certeza de que está tomando a decisão correta.

Então, use as perguntas sempre, até que, instintivamente, elas já façam parte dos seus hábitos.

Vítor Cruz

Quarto passo: saber claramente qual é a missão da jornada

> Devemos conhecer bem o que desejamos para conseguir o que queremos. (Aristóteles)

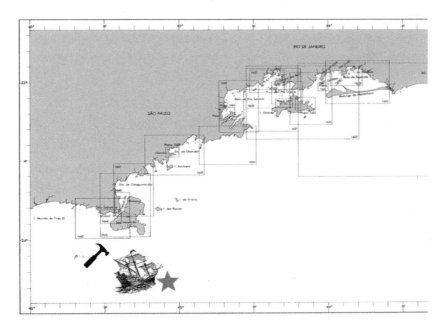

Quais são os dois momentos mais importantes da vida?

Uma simples, porém, excepcional resposta a este questionamento – atribuída, primeiramente, ao escritor Mark Twain, e também repassada por Richard Leider, escritor e *coach* de liderança, como proveniente de um ancião de 98 anos da etnia Hadza, da Tanzânia – seria:

> "O primeiro é quando você nasce. O segundo é quando você descobre por que nasceu."

Descobrir o motivo de sua existência é, certamente, uma das maiores ambições do ser humano. Porém, pouco importa uma resposta oficial e formal sobre o tema. O que

A estratégia mais importante da vida

importa, de verdade, é se convencer de que não existe pessoa melhor do que você para provocar determinadas mudanças positivas no meio em que vive e contribuir para que pessoas, projetos e comunidades sejam alçadas a patamares bem mais elevados do que os atuais.

> **Quando você se convence de que é a melhor pessoa para catalisar determinado processo, você se convence de que "nasceu por isso e para isso", e passa a ter uma missão de vida.**

Percebe-se, então, que a missão de vida é algo de extrema importância. Porém, muita gente acabou transformando a sua busca em um modismo, uma jornada rápida e fácil e que, muitas vezes, acaba gerando algo falso e sem poder de efetivas mudanças positivas.

Achar a sua missão, realmente, não é tão difícil, mas é decorrência não de um ato, mas de um processo. Um processo que, muitas vezes, leva a um achado provisório, que vai evoluindo e evoluindo, acompanhando a sua evolução como pessoa.

A verdade, então, é que, por mais que existam questionários e dicas que o ajudam a ter um direcionamento sobre o tema, você não vai achar sua missão, imediatamente, da noite para o dia. Não é assim que funciona.

Achá-la é extremamente necessário, mas você precisa se atentar a alguns pontos essenciais:

1 - Sua missão é crucial para uma vida de sucesso e constante brilho nos olhos. Sem uma missão importante e definida de maneira clara, não existirá a verdadeira excelência.

Vítor Cruz

2 - Você nunca acha a sua missão por meio de uma única reflexão, pois, ainda que você tenha um direcionamento, precisará validá-la na prática e no tempo, para saber se é isso mesmo que traz o extremo sentido para a sua vida.

3 - Missão não tem nada a ver com objetivo de vida, ou seja, aquelas metas que depois que são alcançadas se esgotam e devem ser substituídas. A missão está mais próxima de um porquê, um modo de viver e enxergar as coisas, ela não se esgota, pois não se alcança, ela se concretiza dia após dia. Porém, isso não quer dizer que ela não possa evoluir ao longo da sua vida, caso evoluam os seus valores, crenças e forma de ver o mundo.

4 - Achar uma missão é um processo, mas não é algo difícil. Muita gente reclama de nunca ter achado a sua, mas, a verdade é que também nunca focou, verdadeiramente, em achá-la. Se você não conseguir focar nessa busca, com as lentes corretas, ela passará dezenas de vezes à sua frente e você sequer perceberá.

5 - A palavra-chave que está vinculada à missão se chama "importância". A sua missão é sempre algo em que você enxerga uma importância extrema. Dessa forma, ali que você deve começar a procurar.

6 - Em que você enxerga importância extrema na sua vida, na sua família, nos seus amigos, na sua sociedade, em sua profissão ou na parte espiritual? O que você faz com muito gosto e facilidade, podendo passar horas dedicado? O que é tão importante que lhe tira o sono na hora de dormir?

7 - Calma, não tenha pressa em definir a sua missão. Comece definindo uma relação de tudo aquilo em que você enxerga extrema importância, e se preocupe apenas em cuidar muito bem disso. Achar a missão será uma consequência que saltará aos seus olhos, em breve.

A estratégia mais importante da vida

Todos temos coisas e pessoas em que enxergamos grande importância, que queremos que estejam cada vez melhores: familiares, ações sociais, comunidades, igreja, templos, amigos, trabalho... O processo para se definir uma missão gira assim:

> **Ache coisas para se importar > Torne isso uma missão "provisória" > Vá refinando a sua missão até chegar um momento em que você diga "com certeza, foi por isso e para isso que eu nasci".**

Mas, lembre-se de que, da mesma forma que a sua vida não é unidirecional, a sua missão também pode não ser. Tente, em sua missão de vida, abarcar pelo menos os pilares família, profissão e sociedade.

Uma grande e nobre missão você já passa a ter a partir de agora, pois eu a outorgo a todos que leem este livro ou assistem minhas palestras. Por favor, não se esquive dela:

> **Agora que você já sabe navegar e, em breve, será um perito na ciência e arte de conduzir a embarcação da vida, com segurança de um ponto a outro, faça como os navios rebocadores e se "lance ao mar", compartilhando este conhecimento e resgatando aqueles que estão sem rumo, à deriva na vida, pois não se prepararam ou se organizaram de maneira correta para a jornada.**

Vítor Cruz

Agora, que você já é capaz de entender os quatro passos para ter uma excelência extrema, em qualquer área da sua vida:

Passo 1 - Descubra sua missão nessa área;

Passo 2 - Convença-se dessa sua missão;

Passo 3 – Entre efetivamente em ação, direcionado por essa missão;

Passo 4 – Crie um compromisso em cumprir a sua missão, executando-a da forma mais espetacular possível.

Quando age dessa maneira, você faz as coisas tão bem-feitas, mas tão bem-feitas, que não existe como falhar. E você ainda vai estar experimentando um profundo bem-estar.

Que tal, então, escrever agora a sua missão de vida, ainda que seja provisória?

Missão pessoal:

Exemplos de preenchimento:

Missão pessoal:
"Ajudar pessoas doentes e solitárias a terem mais alegria e melhor qualidade de vida." "Ajudar pessoas a concretizarem o máximo de seu potencial de vida." "Lutar por uma sociedade mais justa e melhor para se viver."

Vítor Cruz

Quinto passo: saber exatamente onde você quer chegar

> Se um homem não sabe a que porto se dirige, nenhum vento lhe será favorável. (Sêneca)

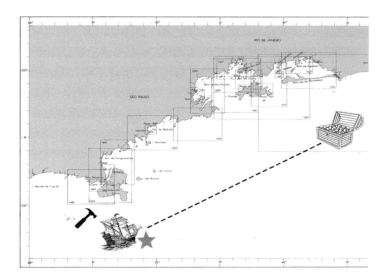

> Imagine que você consiga estar em perfeita lucidez no último dia de sua vida e saiba que, em poucos instantes, não terá oportunidade de realizar mais nada. O que você gostaria de observar quando olhar para trás nesse momento?

Pense de uma forma ampla, em todos os pilares da sua vida: família, amigos, profissão, lazer, até mesmo na sua condição como um membro de nossa sociedade.

Que realizações encheriam você de orgulho? O que lhe daria aquela paz de espírito em saber que, efetivamente, viveu e não somente sobreviveu?

A estratégia mais importante da vida

Como seria a sua visão sobre si mesmo, neste momento da vida, que faria você encher a boca para falar "veja como a minha vida foi sensacional!"?

> **Esta concepção – exclusivamente sua – do que seria uma vida sensacional é, na verdade, a sua grande conquista, para onde você irá navegar o seu barco.**

Que tal escrever como seria a visão idealizada de você nesta data?

Eu me enxergo assim no último dia da minha vida:

Exemplo:

Eu me enxergo assim no último dia da minha vida:
Eu terei sido fiel a minha missão de vida, e terei aproveitado os grandes momentos em família, com meus filhos e amigos. Terei conseguido uma extrema realização profissional, e contribuído para que milhões de pessoas tenham tido, efetivamente, uma vida melhor, concretizando seus sonhos e formando uma sociedade mais produtiva e melhor para se viver.

É, justamente, para este local que você irá direcionar a proa do seu navio da vida. Mas, eu pergunto mais uma coisa:

> **E se, agora, neste exato momento, nós estivéssemos diante dos seus últimos instantes de vida e você precisasse responder à pergunta "Você está satisfeito com o que você realizou até aqui?"**

O que você responderia? Você acha que está alinhado com aquilo que gostaria de imaginar no último dia da sua vida?

Se lhe perguntassem amanhã (após a sua morte) se, no período que esteve aqui, aproveitou cada momento, da melhor forma que poderia. O que iria responder? Você se decepcionaria com a sua vida em algo?

Alinhar as nossas ações atuais ao que queremos enxergar no último dia das nossas vidas é o conceito central do que eu chamo de valorização do tempo.

Hoje em dia, com tanta correria e sentimento de estrangulamento pelo relógio, as pessoas se preocupam muito em querer administrar ou gerenciar o tempo. Esse esforço é inútil se, antes, não houver um processo prévio de valorização do tempo, ou seja:

> **Antes de nos preocuparmos em fazer as coisas de maneira correta, organizada e produtiva, precisamos nos habituar em fazer as coisas certas, para depois, então, passar a fazer essas coisas de maneira organizada, eficiente e produtiva.**

A estratégia mais importante da vida

E, o que seria fazer as coisas certas?

Fazer as coisas certas é fazer, justamente, aquilo que está alinhado a isso que você, efetivamente, gostaria de enxergar para sua vida. Afinal, sua vida é única. Então, é preciso parar de desperdiçá-la com passos laterais ou para trás.

Nunca se esqueça de que, hoje, você nada mais é do que o resultado de suas decisões tomadas nos últimos cinco, dez ou 20 anos. Daqui a cinco, dez, ou até mesmo 60 anos, você será a mera consequência das decisões que está tomando aqui hoje, neste exato momento.

Eu devo aproveitar o presente, usufruindo dos meus recursos "hoje", ou cuidar do futuro? Como vou decidir?

Essa pergunta é interessantíssima, pois, embora seja indefinido o momento do término de nossas vidas, é um fato irrefutável que ele chegará. Por isso, eu costumo chamar aquela visão que gostaríamos de enxergar "no último dia" de nossas vidas de "visão de máximo prazo" (pois não tem data definida, mas dali não passa).

E a tensão é, justamente, esta: quando? O fato de não sabermos o "quando" é que cria toda a confusão na hora da escolha: aproveitar o presente ou cuidar do futuro?

E eu tenho uma notícia ruim e uma boa para você. A notícia ruim é que não há resposta exata para isso. Ninguém pode, racionalmente, lhe dizer "aproveite agora, porque amanhã... Sabe-se lá o que vai acontecer!". Justamente por causa desse "sabe-se lá". Imagine gastar todos os seus recursos e saúde na juventude e passar uma velhice desamparada. Por outro lado, imagine poupar para a velhice e ela sequer chegar. Até quando vale a pena esperar para usufruir neste mundo tão cheio de perigos?

Diferentemente do que você possa estar pensando, eu não creio que a saída para a questão esteja na moderação. Em minha opinião, a saída está em aliar uma alta intensidade de viver (e não a moderação) com o seu planejamento de longo prazo da vida.

1º Ponto: alta intensidade de viver

Quando eu digo alta intensidade, não estou falando em inquietude. Alta intensidade de viver é buscar se apropriar do momento presente em sua plenitude, até mesmo nos momentos de ócio.

Não esqueça a importância dos detalhes. A vida é formada por detalhes que, às vezes, passam imperceptíveis na correria do dia a dia. Se você prestar atenção em cada um deles, conseguirá, com certeza, aproveitar de maneira bem mais efetiva tudo que nossa vida tem a oferecer.

Você precisa estar ciente de que possui essas duas opções básicas na vida: viver ou sobreviver. Pode parecer coisa boba, mas faça um breve exercício. Passe ao menos um dia tentando, realmente, prestar atenção em coisas simples como os detalhes de um beijo, o sorriso de uma criança, o aroma do café, o vento e o sol batendo no rosto ou o barulho da chuva, o sabor de cada tempero... Ou seja, experimente "sentir-se vivo!". Você verá que pode ter passado muito tempo sem essa sensação de realmente estar vivo e, mesmo quando "não tem tempo para nada", conseguirá ter uma vida bem mais efetiva.

Infelizmente, muita gente não costuma se dar conta disso, e passa ou passou a maior parte da vida se preocupando não em viver, mas apenas em sobreviver. O que eu quero dizer com isso? Em vez de direcionar seus atos ao alcance de seus reais objetivos de vida, ou coisas

A estratégia mais importante da vida

que lhe dão prazer, preocupam-se tão somente com os problemas do dia a dia e, quando têm um pouco de tempo sem preocupações, acabam desperdiçando-o com coisas que em nada contribuem para sua real jornada.

A escolha entre direcionar os esforços para esses pontos importantes, ou seja, viver, ou continuar deixando-os de lado, apenas sobrevivendo, é somente sua.

2º Ponto: planejamento de longo prazo para sua vida

Não basta apenas a alta intensidade de viver para chegar à resolução mais exata da equação da vida. É necessário fazer isso sempre dentro de um planejamento de longo prazo, a que damos o nome de "planejamento estratégico". Senão, pagaremos um alto preço, no futuro, por essa miopia temporal.

Perceba que, nesta obra, estamos indo além do planejamento, estamos tratando de uma verdadeira "navegação estratégica pessoal", abrangendo a tomada de decisão, o planejamento e o comportamento. Mas, é certo que o planejamento é a peça central dessa engrenagem.

Planejar é analisar os riscos presentes e futuros de uma trajetória, na qual se imagina um ponto de partida e um ponto de chegada. E, a partir do momento que você desenhou o caminho a ser trilhado e sabe das consequências que suas ações terão para contribuir ou atrapalhar a trilha nessa jornada, você deve se preocupar em viver com intensidade máxima, atentando tanto aos riscos desta caminhada ser parcial quanto aos riscos de ela ser completa.

Esse planejamento é, justamente, o que estamos fazendo ao criar a nossa carta náutica da vida, que servirá como apoio para que você possa corrigir, frequentemente, o rumo em direção aos seus reais objetivos.

Gostaria de lembrar que, ao falar de usar um método, um planejamento, não estou falando em virar uma máquina, estar em alerta total, em uma neurose. Até porque a total consciência do tempo pode se tornar muito desastrosa, fazendo com que a pessoa fique sempre sob o medo do desperdício. No entanto, cabe aqui entender uma grande diferença que explico metaforicamente:

> **Permitir que você usufrua das belezas do céu estrelado e da brisa que sopra no rosto, enquanto navega seu barco, não quer dizer que você precise deixar sua nau à deriva, sem nenhuma preocupação com o rumo.**

Eu acredito que desfrutar o caminho a ser percorrido é, realmente, tão importante, ou até mais importante do que chegar ao próprio fim desejado. Mas, é preciso, sim, que mantenhamos um rumo. E, uma vez colocado o navio (nossas vidas) no rumo que pretendemos, há de se permitir que tenhamos muitos momentos de tranquilidade e até despreocupação, aproveitando as melhores etapas da vida e curtindo este caminho. Porém, como já dito, há a necessidade de que de tempos em tempos (curtos), peguemos o nosso mapa dos pilares e corrijamos eventuais perdas de direção, retomando a rota planejada, sob pena de encalharmos ou necessitarmos de um grande esforço de retomada.

A estratégia mais importante da vida

Com tudo isso exposto, espero que você tenha entendido a necessidade de se lembrar sempre que seu dia vale, realmente, muito mais do que um diamante. Por isso, construa sua vida sensacional no "hoje", mas alinhe o hoje ao futuro que você quer ter. Essa, certamente, será a melhor solução para racionalizar os seus recursos vitais.

O crepúsculo não é a razão de ser do dia que passa, mas pode se revelar o seu coroamento. (Eduardo Giannetti)

Vítor Cruz

Sexto passo: estabelecer os horários da partida e da chegada

O pior naufrágio é não partir. (Amyr Klink)

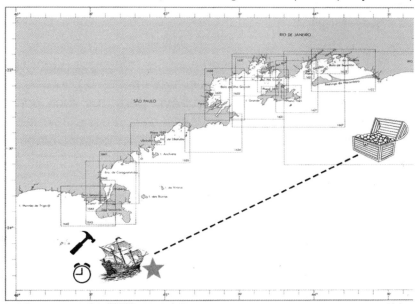

Agora que você já sabe onde se encontra, pois fez o diagnóstico preciso de cada um de seus pilares, possui uma missão, ainda que provisória, e sabe para onde quer levar o seu navio, inclusive pensando em objetivos ousados para sua vida, não adianta ficar só olhando para isso e sonhando.

É hora de zarpar!

É necessário que você venha a se alinhar o mais rápido possível ao que espera enxergar no último dia da sua vida e, para isso, deve traçar objetivos e metas claras, principalmente, com datas e prazos bem definidos tanto para iniciar quanto para concluir seus projetos.

Uma meta ideal deve cumprir a sequência "SMART", que é um acróstico para o conjunto das seguintes características:

A estratégia mais importante da vida

e**S**pecífica;

Mensurável;

Alcançável;

Relevante[1];

Temporal.

Meta específica é aquela que se consegue identificar com precisão, em que você sabe, exatamente, o ponto a que deve chegar. Ela deve ser mensurável para que você possa quantificar o avanço na mesma, isto é, se já passou da metade do caminho ou se ainda falta muito para alcançar o seu objetivo.

A meta precisa, ainda, ser alcançável, não pode ser utópica, mas não quer dizer que não possa ser ousada, desafiadora, o que é bem diferente. Uma coisa seria eu traçar como meta "acabar com a infelicidade do mundo". Isso é irreal (é um sonho). Mas, se eu traçar como meta acabar com a fome de 20 milhões de crianças, embora ousada, a meta é perfeitamente possível, desde que eu tenha um planejamento espetacular e uma excepcional força de vontade.

Agora, nunca se esqueça de que metas foram feitas para ser cumpridas. Toda vez que descumpre uma meta, você está dizendo a seu cérebro que suas metas não são importantes e podem ser ignoradas sem problema algum. E, assim, você cria um ciclo de indisciplina na sua vida.

Se você quer fazer o efeito contrário, criando um ciclo de disciplina em sua vida, anote bem esta dica:

> **Comece com poucas metas e metas simples. Mas, não permita que nada faça com que você deixe de cumpri-las.**

---

3 - É comum que o "R" também seja descrito como "Realista" em vez de "relevante". No entanto, considero que, em nosso contexto, o termo "relevante" acrescenta mais ao conjunto.

Lembre-se de que, em longo prazo, a constância o levará mais longe do que a velocidade, sendo assim, bem melhor do que ousar no papel e ignorar na prática é traçar pequenos objetivos e cumpri-los diariamente, com bastante disciplina.

Agindo dessa forma, você cria um efeito fantástico na sua mente: a sensação de dever cumprido, um senso de responsabilidade e a autoconfiança que lhe permitem renovar as energias e buscar metas desafiadoras. Mas, agora, já em um estado mental no qual se sabe claramente: metas foram feitas para ser cumpridas.

Também é necessário que elas sejam relevantes, ou seja, um efetivo passo em busca dos reais objetivos, e não algo que você conquistará só por conquistar.

Por fim, a meta ideal é temporal. Traça-se uma data para alcançá-la, justamente para que isso o incomode e faça com que você se comprometa, evitando ao máximo a procrastinação.

> **Lembre-se: é a data que você estipulou para cumprir a tarefa ou realizar um desejo que diferencia a meta de um simples sonho!**

"Fazer um *tour* pela Europa", dito desta forma, é apenas um sonho, um mero desejo. "Fazer um *tour* pela Europa, em janeiro do ano que vem" já é uma meta bem clara. Percebe como a data muda tudo?

Nem sempre você conseguirá colocar em sua vida metas SMART, embora você sempre deva tentar. Existem objetivos pessoais como "fortalecer os laços de afeto com algum familiar", que são muito difíceis de mensurar, e os resultados obtidos serão avaliados de maneira intuitiva.

Chega o momento de você desmembrar, então, a sua visão que espera ter no último dia da sua vida (a visão

A estratégia mais importante da vida

de máximo prazo) em outras visões com prazos menores, alinhadas a ela. E, lembre-se de colocar objetivos para serem alcançados em todos os pilares da sua vida:

Objetivos a longo prazo

**Eu me enxergo assim no ano _____
(dez anos após o primeiro planejamento):**

**Eu me enxergo assim no ano _____
(cinco anos após o primeiro planejamento):**

Exemplo:

**Eu me enxergo assim no ano de 2029
(dez anos após o primeiro planejamento):**

Meta simples: estar casado. Ter dois filhos. Ter participado de projetos filantrópicos. Estar com a casa quitada. Ter conseguido presenciar e prestigiar importantes conquistas de amigos e familiares. Ter conseguido alcançar a posição de diretor da empresa. Sentindo-me saudável e com vitalidade.

Meta desafiadora: ser recordista brasileiro de determinado esporte. Ter vendido dois milhões de livros.

**Eu me enxergo assim no ano de 2024
(5 anos após o primeiro planejamento):**

Meta simples: ter concluído o doutorado. Ter concluído certo tratamento médico. Ter um filho. Ter conseguido alcançar a posição de gerente da empresa.

Meta desafiadora: ter vendido 100 mil livros.

Para facilitar o preenchimento, lembre-se de que os seus objetivos devem ser nada mais do que visões parciais daquilo que você quer enxergar no último dia da sua vida.

Dica de efetividade – os objetivos mestres

É sempre interessante, até mesmo essencial, que você coloque em destaque um único "objetivo mestre", ou seja, aquele objetivo que, se não for conquistado, a jornada não terá valido a pena.

Muitas pessoas não cumprem seus objetivos, porque ficam preocupadas com muitas áreas, ou seja, "quero ganhar dinheiro, emagrecer, casar, ter filhos, mudar de emprego, viajar mais..." e, ano após ano, as demandas continuam as mesmas.

Eleja um objetivo mestre, por exemplo, "emagrecer dez quilos" e coloque suas energias nele até conseguir, depois, eleja um próximo objetivo mestre.

Metas de curto prazo

Metas anuais
Doar sangue duas vezes; Poupar X Reais; Ler dez livros; Levar o filho para passear pelo menos 15 vezes; Emagrecer 12 kg.

Metas para os próximos 30 dias
Ler 30 páginas do livro L; Reservar hotel H; Organizar dois passeios com meu filho; Investir pelo menos Y reais; Ir ao teatro; Emagrecer 1 kg.

A estratégia mais importante da vida

Muito importante:

Como todos os meses suas metas mensais irão mudar, o ideal é que você não preencha diretamente na folha da carta náutica da vida. Use folhas de blocos autoadesivos, facilmente achados em papelarias, de maneira que possam ser trocados a cada mês, sem atrapalhar o resto das informações ali descritas.

Já as anuais, você pode escrever diretamente, pois pelo menos a cada ano, ou semestre, você precisa reescrever todo o seu planejamento, de maneira a manter a sua carta náutica sempre atualizada.

Todos esses campos devem ser, frequentemente, vistos e revistos. Se possível, faça isso diariamente, e nunca deixe de ler essas metas por mais de uma semana. Sempre que uma meta for cumprida, risque-a da lista e, quando for necessário inserir mais alguma informação, faça isso.

Para racionalizar o espaço, também recomendo escrever em colunas, como por exemplo:

Metas para os próximos 30 dias	
Escrever 30 páginas do livro; Comprar o presente do João; Ir ao dentista (13/05 – 16h); Aniversário Ana (15/05).	Fazer a inscrição no curso C; Matricular na aula de violão; Poupar 100 Reais; Fechar o orçamento da reforma.

Não é necessário descrever, exatamente, o que precisa fazer em cada situação. Basta indicar os pontos, pois nosso cérebro é inteligente o suficiente para ligar ponto a ponto e traçar o caminho.

Veja que, em cada um dos campos, sejam os objetivos de dez e cinco anos, e as metas do ano e dos 30 dias, já estão claramente definidos, assim como o aspecto temporal em que você precisa estar com a meta cumprida.

Este campo de metas mensais é extremamente importante para quando você estiver com uma sensação de estar ocioso, sem nada "de importante" para fazer. Em vez de se deixar levar por futilidades ou coisas que não contribuem para sua produtividade, reveja de que maneira poderá alcançar os objetivos importantes para sua vida, que estarão descritos na sua carta náutica e aja nessa direção.

A plasticidade da meta

Vimos que a meta precisa ser temporal. Mas, você tem total liberdade para definir quando começará a buscar seus objetivos e quando pretende alcançá-los, mas tenha ciência da plasticidade da meta.

Isso quer dizer que: se você estabelecer prazos muito folgados para concluir seus projetos, seus esforços tendem a relaxar e se esparramar por esse prazo. É uma questão psicológica.

Defina que você tem até o ano que vem para entregar uma tarefa, então, você entregará ano que vem. Defina que você tem até semana que vem para entregar a mesma tarefa e, então, você dará o seu jeito, mas entregará na semana que vem.

Por isso é tão importante termos metas escritas e com datas bem definidas. E, caso você já tenha criado um ciclo de disciplina no cumprimento das metas, não tenha medo de ousar!

Ouse e não tenha medo de um eventual fracasso, lembre-se de que a qualidade essencial do conquistador inteligente é a humildade. Qualquer aparente insucesso no cumprimento de suas metas é a oportunidade de aprendizado, analisar o que deu errado, melhorar seu autoconhecimento e ajustar as velas em direção ao rumo correto.

A estratégia mais importante da vida

O plano de ação

Vamos, agora, a uma ferramenta adicional, para a conquista de suas metas: o plano de ação.

Nossa vida é tão complexa que, para que seja possível alcançar um resultado consistente em longo prazo, não basta apenas um equilíbrio entre os diversos pilares e a busca de uma satisfação plena.

Cada uma das temáticas dos pilares possuirá atividades e projetos de menor ou maior complexidade.

Para colocar tudo isso em funcionamento, de maneira que produza os resultados que esperamos, é preciso ter um plano.

Para projetos de menor complexidade, como "aumentar a carga de leituras", basta que estipule e cumpra metas simples como "ler 20 páginas por dia", que você conseguirá chegar à finalidade proposta.

No entanto, existem projetos de maior complexidade, por exemplo, em vez de ler um livro, o processo de escrever um livro ou, então, montar uma empresa, dar a volta ao mundo viajando....

Para esses projetos, sugiro que você coloque na sua carta náutica da vida apenas a tarefa mãe e as metas anuais e metas-chave mensais, mas que mantenha um planejamento em separado para cada uma.

Vou dar um exemplo: quando decidi escrever este livro, eu estabeleci esta macrotarefa em minha carta náutica da vida, no pilar "profissão":

Pilar: profissão

Livro: estratégia

E, depois estabeleci um planejamento em separado, para alcançar o objetivo de concretizar este projeto, com base na adaptação de uma técnica consolidada chamada de **5W2H**, que nada mais é do que as inicias em Inglês para:

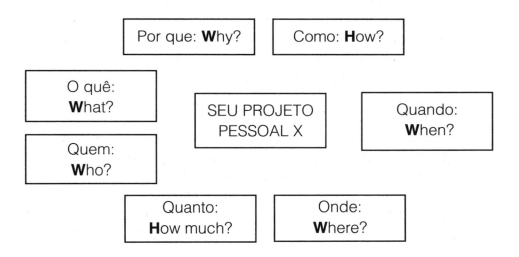

Você deve responder, então, para cada projeto mais complexo, sete perguntas que irão direcionar os seus esforços:

1 - O que eu quero alcançar? Como será o resultado? (O quê – *What?*)

2 - Por que eu quero fazer isso? (Por que - *Why?*)

3 - Como vou fazer para alcançar isso? Fale sobre as etapas e métodos que serão utilizados? (Como – *How?*)

4 - Quem vai ser o responsável por fazer cada coisa? (Quem – *Who?*)

5 - Onde vou fazer? (Onde – *Where?*)

6 - Quando eu preciso fazer isso? (Quando – *When?*)

A estratégia mais importante da vida

7 - Quanto vai custar? (Quanto – *How much?*)

Seguindo, então, o exemplo da concepção inicial deste livro:

1. O que eu quero alcançar? Como será o resultado? (O quê – *What?*)

Resposta exemplo: concretizar o livro sobre estratégia de vida escrevendo-o em linguagem simples, acessível e organizada, tendo reflexões para sensibilizar os leitores sobre a importância de um planejamento de vida organizado e de longo prazo, para que consigam, assim, conquistar seus sonhos de maneira duradoura. E que este livro não venha a ser somente sobre reflexões, mas, sim, um verdadeiro manual para ser aplicado na prática pelos leitores.

2. Por que eu quero fazer isso? (Por que - *Why?*)

Resposta exemplo: para que eu consiga deixar para meus leitores, familiares e para a sociedade um legado daquilo que aprendi durante a vida, bem como difundir uma estratégia que foi crucial para minhas maiores conquistas e que foi capaz de modificar de maneira intensa o meu modo de pensar sobre as coisas que, realmente, importam e os meus objetivos na vida.

Obs: essa resposta sobre o "porquê", talvez, seja a parte mais importante, pois é a chave da sua motivação. Ache um grande porquê e conseguirá forças para realizar praticamente qualquer projeto para o qual tenha se proposto.

3. Como vou fazer para alcançar isso? Fale sobre as etapas. (Como – *How?*)

Resposta exemplo: basicamente, preciso:

1 - Fazer uma *brainstorming*[4] sobre as ideias do projeto,

---

4 - *Brainstorming* significa literalmente "tempestade cerebral" ou "tempestade de ideias". Trata-se de uma fase importantíssima do processo criativo, na qual você levanta todos os requisitos que vierem a sua mente, aleatoriamente. Tudo aquilo que você lembrar que será preciso fazer e

Vítor Cruz

ou seja, colocar em um papel tudo que vier a minha mente sobre as necessidades na concretização da tarefa;

2 - Organizar as ideias do *brainstorming* em ordem lógica;

3 - Coletar bibliografias que falem sobre cada temática, para respaldar minha visão, ou contestá-la, ou mesmo enriquecer os argumentos;

4 - Selecionar as partes das bibliografias e ler;

5 - Começar a escrever;

6 - Reler, corrigir, reorganizar;

7 - Selecionar pessoas para ler e criticar;

8 - Compilar as críticas e incorporar as que fizerem sentido;

9 - Finalizar a escrita;

10 - Correção ortográfica;

11 - Diagramação, publicação e uma boa estratégia de divulgação.

4. Quem vai ser o responsável por fazer cada coisa? (Quem – Who?)

Resposta exemplo:

Etapas 1 a 5, 7 a 9 = eu mesmo.

Etapa 6 = esposa, pai, amigo X, amigo Y, amigo Z, professor P, aluno A.

Etapa 10 = Corretor C.

Etapa 11 = subprojeto planejado à parte.

5. Onde vou fazer? (Onde – *Where?*)

1 - *Brainstorming* = em casa;

2 - Organizar as ideias do *brainstorming* em ordem lógica = em casa;

3 - Coletar bibliografias = bibliotecas B, C e D, amigos A e B;

4 - Ler as bibliografias = em casa, escritório, viagens;

---

julgar importante, você anota. Esta etapa do *brainstorming* será necessária para quase todos os seus projetos.

A estratégia mais importante da vida

5 - Começar a escrever = em casa, escritório, viagens;

6 - Reler, corrigir, reorganizar = em casa, escritório, viagens;

7 - Selecionar pessoas para ler e criticar = não se aplica;

8- Compilar as críticas e incorporar' as que fazem sentido = em casa, escritório;

9 - Finalizar a escrita = em casa ou no escritório;

10 - Correção ortográfica = editora;

11 - Diagramação, publicação e uma boa estratégia de divulgação = subprojeto à parte.

6. Quando eu preciso fazer isso? (Quando – *When?*)

1 - *Brainstorming* = uma semana;

2 - Organizar as ideias do *brainstorming* em ordem lógica = uma semana;

3 - Coletar bibliografias = uma semana;

4 - Ler as bibliografias = ler pelo menos dez páginas por dia;

5 - Começar a escrever = pelo menos dois capítulos por semana;

6 - Reler, corrigir, reorganizar = uma semana;

7 - Selecionar pessoas para ler e criticar = um mês;

8 - Compilar as críticas e incorporar as que fazem sentido = uma semana;

9 - Finalizar a escrita = uma semana;

10 - Correção ortográfica = duas semanas;

11 - Diagramação, publicação e uma boa estratégia de divulgação = subprojeto à parte.

7. Quanto vai custar? (Quanto – *How much?*)

No exemplo, eu estimaria quanto gastaria com a compra de livros, correção ortográfica e fases da publicação.

Dica 1: você também pode colocar as etapas em uma planilha, para facilitar a visualização do todo. Fica bem mais organizado e permite uma visão de topo. Veja:

O quê?	Por quê?	Como?	Quem?	Onde?	Quando?	Quanto?

Dica 2: o mais importante é que cada subtarefa seja transportada para as metas de curto prazo da sua carta náutica da vida, pois é ali que você estará sempre acompanhando o desenvolvimento e alcance de cada meta da sua vida.

Então, eu teria, no primeiro mês de planejamento, a seguinte visão na minha carta náutica:

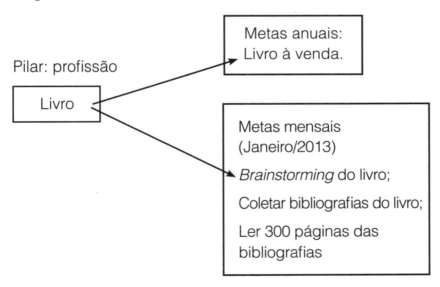

O processo de melhoria contínua

Uma etapa indispensável para que você possa, cada vez mais, valorizar seu tempo e se aproximar progressivamente da excelência em todos os pilares da sua vida é a melhoria contínua. E esse processo é muito simples e eficaz.

A estratégia mais importante da vida

Nesta obra, estamos focando bastante na importância de planejar as ações. Você já está montando a sua carta náutica da vida, que é um "planejamento estratégico" para a sua existência, e acabou de aprender a montar um plano de ação com base na metodologia do 5W2H.

Acontece que o planejamento é a primeira parte de um processo de excelência, mas ainda deve ser seguida de outras três fases:

1 - Execução;

2 - Checagem dos resultados obtidos;

3 - Ação para manter ou melhorar o que deu certo e corrigir o que deu errado.

Adicionando essas três fases ao planejamento, conseguimos rodar o chamado ciclo PDCA (*Plan – Do – Check – Act*), e fazer com que processos rotineiros se tornem cada vez mais eficientes e eficazes em nossa vida.

Por exemplo, sempre que vou ministrar uma aula, treinamento, palestra ou sessão de *coaching*, antes de entrar em ação, eu planejo, cuidadosamente, o que farei (geralmente, utilizando as perguntas básicas do plano de ação 5W2H). Após o planejamento, vou para a execução.

Após o término da aula, palestra ou sessão, procuro o mais breve possível pensar em todos os pontos que deram muito certo, e aqueles pontos que não se encaixaram como eu havia planejado. No caso das palestras, especificamente, sempre que tenho a oportunidade, faço a gravação em vídeo, para assistir novamente e corrigir falhas de postura, movimentação, ou até mesmo de conteúdo.

Deixo tudo isso documentado e guardado de forma organizada, para que, da próxima vez que for ministrar uma aula, palestra ou sessão com a mesma temática, possa manter ou até melhorar o que deu certo e corrigir o que deu errado.

Assim, poupo tempo e os resultados são potencializados.

Vítor Cruz

Parte 3:

Abastecimento e guarnecimento do navio

Em que nível está seu combustível?

> O sucesso depende da energia do ato,
> da energia da crença de que se triunfará. (William James)

Navegar é preciso... Mas, por quê?

Como já conversamos, eu abandonei a carreira de oficial da Marinha para navegar em direção às águas mais profundas da minha vida, ou seja, rumo aos meus grandes sonhos. Mas, para essa decisão, eu tive o meu "grande porquê". Qual é o seu?

Por mais que saibamos a rota, a verdade é que o "porquê" é a real força capaz de romper essa inércia e nos tirar de um ponto e nos levar a outro, em nossas vidas.

Quanto maior for esse elemento, maior será a intensidade da jornada. Se você não tem um grande motivo para realizar alguma coisa, provavelmente não conseguirá concluí-la de maneira incrível.

A estratégia mais importante da vida

Eu verifiquei isso *in loco* nos muitos anos ministrando aulas para candidatos a concursos públicos. Foi nítido que, embora tivessem acesso ao mesmo material, os alunos que não tinham um grande porquê não conseguiam tanto êxito, mesmo tendo, frequentemente, mais recursos e tempo disponível para estudar.

Já aqueles que tinham uma motivação forte, como dar uma vida melhor para a família ou provar sua capacidade para quem os tinha humilhado, conseguiam superar as adversidades e lograr excelentes resultados nas provas.

Nossos "porquês" são pontos de apoio em que seguramos sempre que cogitamos desistir. A sua determinação será tão forte quanto o seu porquê. Por isso, depois de achá-lo, crie mecanismos para lembrar dele constantemente, de maneira que sua mente não crie artifícios para esquecê-lo. Vale de tudo: colar fotos, escrever coisas, deixar recados para você... Tudo o que esteja sempre ao seu olhar e o conecte com esse motivador.

Uma motivação que sempre me ajudou a zarpar para a vida, em todas as áreas, foi lembrar que "minha vida é única", logo, ela merece ser sensacional, e eu tenho a obrigação por mim e, por todos a minha volta, de vivê-la em sua plenitude. Sendo assim, eu vou fazer ser sensacional, custe o que custar. E isso se tornou um grande "porquê" na minha vida.

Ser sensacional não significa que você precise realizar feitos absolutamente incríveis ou fenomenais, mas apenas ser fiel ao que você, efetivamente, gostaria de ser ou ter na vida, em vez de levar uma vida que não se encaixa nos padrões que realmente gostaria.

Ficar com meu filho, atualmente, é uma das coisas mais sensacionais que eu poderia fazer. Cada um sabe o que é o seu sensacional, ninguém pode impor ao outro. Escalar

Vítor Cruz

o Everest, ficar com a família, surfar no Havaí, passar em um concurso... Tudo isso! Ou não!

O filósofo Friederich Nietzsche disse uma frase de que gosto muito: "Aquele que tem um porquê pelo qual viver pode suportar quase qualquer como".

Não tente convencer seu pai, sua mãe, seu marido ou esposa, seus filhos, ou quem quer que seja de qual é o seu grande sonho e por que você precisa ir atrás dele. Primeiro, convença a si, pois, no momento que você está convicto de que o prazer da vitória superará em muito a dor da caminhada, é capaz de suportar a dor necessária para construir isso na sua vida.

Acredito que muitas pessoas não correm atrás de seus sonhos, ou não persistem até alcançá-los, porque elas mesmas não estão convictas de que é isso que elas querem. Mas, no momento em que você se convence, vai lá e faz.

Lembrar, constantemente, do meu porquê, que a minha vida é única e que é a única oportunidade que eu tenho de ter uma vida incrível, dentro das minhas convicções sobre o que isso significa, foi o que me motivou aos 23 anos de idade a largar essa excelente carreira vitalícia de oficial da Marinha do Brasil, com uma oportunidade incrível de estabilidade e aposentadoria, para me tornar um desempregado com uma dívida de quase 200 mil reais (isso em valores de 2008, algo que seria gigantescamente maior hoje). Se começar a vida do zero é bem difícil, que tal apimentar, começando negativo em 200 mil? E tudo isso por opção, pois ninguém me forçou a isso!

Consequências desse ato? Inúmeras. Momentos de sofrimento, aperto, desespero... Mas, um forte porquê ultrapassa qualquer obstáculo.

Veja bem: eu não estou, em nenhum momento, dizendo que você precisa largar seu emprego ou qualquer outra

A estratégia mais importante da vida

coisa. Longe de mim! Eu nem sei qual é a sua profissão e não tenho o direito de opinar sobre o que você deve fazer. Apenas contei a minha história para ilustrar esta nossa conversa, e continuar afirmando que você também pode realizar seus sonhos, se construir uma boa carta náutica para a sua vida.

Você já fez o diagnóstico de seus pilares, sabe o que é e o que não é problema na sua vida. Quero, apenas, que entenda que precisa buscar soluções (e não mais problemas) para sua vida e, para isso, precisa de um porquê... Um grande porquê!

No meu caso, a solução que a minha vida precisava, realmente, passava por me libertar das amarras de um porto, ainda que viesse a passar por muita dor, em busca da concretização do meu potencial de vida em sua plenitude.

Crescer dói, não há como escapar disso. Mas, o prazer da vitória compensa, e muito...

Como será o prazer da sua vitória? Qual é o seu grande porquê para zarpar e suportar a jornada até o final?

Quem será a tripulação do seu navio?

Primeiro, é colocar as pessoas certas no barco, e as erradas fora dele. (Jim Collins)

A tripulação é elemento essencial a nossa viagem. Entenda por tripulação todas as pessoas que, de alguma forma, estarão ao seu redor na jornada. Sua família, seus amigos, seus parceiros de negócios, e até mesmo profissionais como *coaches*, mentores, médicos, psicólogos ou qualquer outro que o ajudará a dar passos em frente.

Você deve ser muito criterioso ao escolher quem deixa entrar em seu barco. E, principalmente, por quem se deixará ser influenciado durante a jornada. A forma mais fácil de enxergar isso é nunca se afastar do que você definiu como seus reais objetivos.

Não caia no erro de acreditar em todos os supostos especialistas que lhe trazem informações para modificar sua conduta, sem que o respaldo apresentado se coadune com os seus valores e reais objetivos. Em regra, toda a tentativa de influência no seu destino tem que ser questionada.

Você escolhe quem entra no seu barco. Coloque nele pessoas com quem você gosta de conviver e, em relação a esses tripulantes que estejam só de passagem, analise os argumentos, a coerência lógica e a fundamentação sobre suas atitudes e palavras, e verifique se isso vai, realmente, ajudá-lo a alcançar seus objetivos, ou tirá-lo do foco.

Não quero dizer que você deva permanecer em uma defensiva. Esteja sempre muito aberto às críticas, essa é a essência da humildade do conquistador inteligente.

Se uma pessoa criticar a sua conduta ou até mesmo o seu real objetivo, pare, pense e analise se ela não está

A estratégia mais importante da vida

realmente certa. Às vezes, alguém de fora tem uma noção mais imparcial e fria do que nós que estamos vivendo o calor da emoção. Mas, não permita que isso também o torne uma pessoa facilmente influenciável.

Temos, sim, que aceitar aquilo que contribui para nossa vida, ou seja, aquilo que nos trará efetivas soluções, meios para dar manutenção em nossos pilares ou reforçar efetivos desejos e paixões. Porém, sempre pense nesses critérios em termos de "avaliar o que ou quem você permite que entre no seu barco."

Faça, hoje mesmo, uma crítica à tripulação que está no seu barco.

Não se engane em achar que os relacionamentos são o bem mais precioso que você possui. Na verdade, os relacionamentos com as pessoas corretas é que são esse precioso bem. Devemos entender "pessoas certas" como aquelas que, efetivamente, podemos contar, seja para nos amparar em um momento de necessidade ou para agregar valor em alguma área da nossa vida.

Sozinho, você pode até ir mais rápido, mas quando está acompanhado das pessoas certas é que vai longe. Por outro lado, quando você está acompanhado das pessoas erradas... Bem, você está em sérios apuros!

A escolha dos vigias

É essencial que tenhamos na tripulação pessoas com o papel de lhe fazer cobranças. Pessoas com as quais você compartilhe as suas metas e elas as critiquem e, também, venham a cobrá-lo o seu cumprimento.

Sozinhos, somos fracos, mas se há alguém de fora em quem você confia, o apoiando (e cobrando) na conquista dos objetivos, a tarefa se torna bem mais fácil e eficiente.

Vítor Cruz

Escolha um ou dois amigos ou familiares nos quais você confie e que tenham o perfil crítico e de cobrança, para incomodar você e estimulá-lo a estar no rumo certo. Eles serão os "vigias" do seu barco. Compartilhe com eles seus reais objetivos, suas metas, seus valores e tenha humildade para permitir a cobrança por parte deles. Se você não tiver nenhum, procure um profissional que atue como seu *coach*, para compartilhar os seus objetivos e o caminho que você escolheu para alcançá-los.

Recorra a esses vigias, sempre que possível, para ouvi-los criticar suas metas e ajudar você em algumas etapas como, por exemplo, lhe dizer seus pontos fortes e pontos fracos comportamentais. Ou, ainda, sinalizar com outras coisas que não sejam tão claras para você, que montou o planejamento.

Lembre-se, porém, de que não é porque essas pessoas são nossos amigos ou familiares, que elas sempre nos dizem tudo que é preciso. Muitas vezes, precisamos solicitar a informação e estarmos abertos a recebê-la como bons conquistadores inteligentes, humildes para aceitar as críticas como oportunidades de melhoria.

A escolha das parcerias

Para que o seu navio consiga ir mais rápido e mais longe, é indispensável, ainda, que você busque parcerias de sucesso. Parcerias de sucesso surgem quando existe o famoso modelo de "ganha-ganha", cada pessoa complementando a outra naquilo que ela está em falta ou tem dificuldade.

Seja bem criterioso, não faça parcerias de forma apressada. Da mesma forma que parceiros podem servir como motor extra para acelerar seu navio, também podem se tornar uma âncora, impedindo o seu movimento.

A estratégia mais importante da vida

Entenda, por meio da busca de autoconhecimento, quais são as suas dificuldades, fraquezas e impedimentos. Atraia para o seu navio aqueles que têm como ponto forte, justamente, isso que você tem como fraco. Mas, principalmente, pessoas que compartilhem de boa parte dos seus valores-chave.

Parceiros que não compartilham de valores próximos ao seu, fatalmente, irão gerar conflito no futuro.

Sabendo disso, sugiro entender essa parte comportamental e de valores como os pressupostos de uma parceria de sucesso, e ainda se perguntar:

Quem poderá me ajudar com meus projetos pessoais, me auxiliando com algum fator de que eu esteja precisando, tais como estrutura, dinheiro, contatos, energia, tempo, credibilidade, conhecimento etc.?

Como poderemos formar uma parceria, no modelo "ganha-ganha", de forma que eu também retribua, seja com minha estrutura, contatos, dinheiro, energia, credibilidade, conhecimento etc.?

Dessa forma, buscando uma reciprocidade de benefícios e alinhamento de valores e comportamentos, sua parceria, certamente, será de muito sucesso, e irá gerar uma velocidade e combustível extra para a sua viagem.

> **Atenção: não esqueça de documentar essas suas parcerias e vigias escolhidas dentro da sua carta náutica da vida, tanto dentro dos pilares como profissão, amigos etc., quanto traçando metas mensais ou anuais, para tomar alguma ação condizente com a parceria.**

De quais suprimentos você necessita?

> Pouco conhecimento faz com que as pessoas se sintam orgulhosas. Muito conhecimento, que se sintam humildes. (Leonardo da Vinci)

Independentemente de qual pilar da vida estamos tratando, é essencial que se tenha competência para conseguir o melhor desempenho possível. E, quando falo em competência, estou me referindo ao conjunto de todos os conhecimentos, habilidades e atitudes que serão necessários para que você consiga esse excelente desempenho.

Conhecimento é o saber, habilidade é o saber fazer e a atitude é a forma de agir, o comportamento que o fará aplicar seus conhecimentos e habilidades.

Quando você consegue reunir um conhecimento e a habilidade para aplicá-lo, você adquire uma competência técnica. Quando você consegue ter a atitude de, efetivamente, colocá-lo em prática, visando um determinado objetivo, passa a exercer a competência comportamental.

Não se iluda. Para realizar, de maneira eficaz e inteligente, os seus sonhos, você vai precisar de muitos conhecimentos e habilidades. Os conquistadores inteligentes se preocupam sempre com a melhoria contínua, e são humildes para reconhecer que não sabem tudo, logo cultivam uma imensa fome pelo conhecimento e procura da melhor forma de aplicá-lo.

Sempre que tenho de elaborar um novo plano de ação, faço um *brainstorming* (como vimos, a "tempestade de ideias") de todos os conhecimentos e habilidades que precisarei para realizar o objetivo desejado de maneira excelente. Depois, organizo esses conhecimentos de maneira a priorizar a absorção deles, de acordo com uma

A estratégia mais importante da vida

hierarquia de solução, ou seja, estudo primeiro aquilo que vai entregar a solução mais imediata, ou aquilo que é o mais importante para o sucesso da jornada.

Seria impossível, nesta obra, eu falar das competências técnicas necessárias para você realizar seus objetivos de maneira excelente, nas diversas áreas da vida. Caberá a você fazer essa investigação e selecionar os livros e cursos necessários.

O importante é que, embora você já saiba que precisará de muitos conhecimentos e habilidades, agora, precisará organizá-los de maneira a priorizá-los pelo grau de solução que eles entregarão na sua vida. E, assim, poderá partir para a ação, colocando em prática a busca pelos seus sonhos, sem que antes precise passar anos coletando um mundo de conhecimento.

Colete o que mais entrega solução e coloque em prática. Depois, vá para o segundo, o terceiro...Sempre em ordem de solução e seguido de prática.

> **Conhecimento sem aplicação prática é nulo. Adquira um conhecimento útil e o coloque em prática tão logo seja possível.**

Esta parte prática é indispensável para a valorização do tempo. Vou explicar o porquê. Um educador norte-americano chamado Edgar Dale propôs, no século passado, o chamado "Cone da aprendizagem". Não vou me aprofundar no assunto, porém, segundo Edgar, em longo prazo (após duas semanas), só conseguimos manter na mente, cerca de 10% daquilo que lemos, 20% do que ouvimos e 30% do que vemos, que são as formas tradicionais de adquirir conhecimento.

Agora, quando colocamos a mão na massa e partimos para a ação, nosso cérebro consegue reter até 90% daquilo que fizemos.

Sendo assim, a aquisição de conhecimentos em livros e treinamentos, sem a posterior colocação em prática, é uma verdadeira ofensa ao bom uso do seu tempo de vida e, consequentemente, ao sucesso de seus objetivos.

Até porque não são os seus conhecimentos que lhe dão destaque, mas, sim, as suas habilidades, ou seja, a capacidade de colocar aquilo que você sabe em prática.

Quando contrato alguém para minha empresa, nunca pergunto "você sabe isso?", mas, sim, "mostre-me como você pode fazer isso!".

> **Transformar conhecimento em habilidade é a grande chave para o sucesso de seus objetivos.**

Abastecendo o navio com os comportamentos-chave para o sucesso

Agora que você já definiu seus reais objetivos – até mesmo com ousadia de buscar coisas, realmente, sensacionais – sabe como tomar decisões para manter-se alinhado em direção a eles, e se planejou para conquistá-los, você precisa saber algo muito importante:

> **A velocidade com que encontrará o seu sucesso será, diretamente, proporcional à intensidade com que busca esses objetivos e, também, à rapidez de sua percepção, para interromper o que em nada contribui para o alcance deles.**

A estratégia mais importante da vida

Isso mesmo, esta é a essência da valorização do tempo: tão importante quanto dar um passo na direção certa é parar de dar passos na direção errada.

Mas, eu, realmente, não tenho tempo para isso! Será mesmo?

A "falta de tempo", talvez, seja um dos maiores problemas do século atual. Mas, estamos falando dessa "falta de tempo" entre aspas mesmo. O ser humano do século XXI tem uma grande necessidade de se ocupar, seja do que for!

Basta abrir uma brecha na agenda, e lá estão milhares de coisas disputando entre si a ocupação da vaga. O verdadeiro ócio entrou em extinção... Foi substituído por uma ocupação improdutiva.

Antes, pagava-se caro por um acesso à Internet. Hoje, paga-se caro para ir a um lugar isolado, longe da tentação.

Mas, que fique claro algo muito importante: não existe falta de tempo. Existe falta de prioridade e falta de organização, de disciplina. Se você adoecer agora, não terá que "arranjar tempo" para ir ao hospital? Você não "arranjou tempo"... Apenas priorizou algo que não poderia ser adiado.

A partir do momento em que você estabelecer sua rota estratégica, não vejo problema algum em você não ter tempo para fazer a coisa A ou B, desde que as coisas que estejam ocupando o seu tempo sejam, efetivamente, as ações que o levarão ao alcance de seus objetivos de vida, ou seja, suas prioridades.

Se você sente falta das coisas que está deixando de lado, e sente que elas eram importantes para você, refaça seu planejamento e as inclua nele!

Não há nada de errado em você gostar de televisão e navegar na Internet. Não estou falando disso! Estou falando de você ter consciência de que, se você está incluindo essas atividades em detrimento de outras, elas estão, sim, se tornando mais importantes para você, do que as outras.

Se, para você, está tudo certo, ótimo! Ninguém pode julgá-lo. A vida é sua e cabe somente a você definir o que esperar dela e o que você fará ou não acontecer.

O que falta, então, para a maioria das pessoas, na verdade, é planejamento e consciência de que, "ao fazer algo, a pessoa está priorizando esse algo em detrimento de outro".

Não adianta você ter como meta "passar mais tempo com a família" ou "concluir vários cursos", e não conseguir atingi-las por "falta de tempo", se o seu tempo está sendo gasto com futilidades que não estão previstas entre aquelas que dão sentido a sua vida.

Então, aproveite agora para refletir sobre mais uma coisa:

> **Eu, realmente, estou sem tempo, pois tento ser o mais produtivo possível para a minha vida, ou estou ocupando o meu tempo de maneira pouco produtiva, deixando de lado o que é importante?**

Agora, uma dica bem simples e prática, que você pode começar a aplicar a partir de agora, e que organizará o seu tempo de maneira muito inteligente:

Pare de falar coisas como: "eu não tive tempo para me exercitar", "não liguei para o meu pai, porque não tive tempo", "não tenho tempo para ficar com meu filho". Comece a falar, efetivamente, desta maneira: "eu não fiz isso, porque priorizei aquilo", "eu não estudei, porque priorizei ver televisão", "eu não me exercitei, porque priorizei dormir".

Comece a aplicar essa dica simples, e você verá o seu poder transformador. Se você começar a falar dessa forma, durante as suas conversas, e aquilo que você

A estratégia mais importante da vida

priorizou, realmente, não tinha uma importância maior naquele momento, você, automaticamente, começará a realocar suas prioridades e valorizar o seu tempo.

Vamos imaginar, agora, a hipótese de três pessoas viverem por exatos 100 anos, e que possam, ao final de suas vidas, ter um relatório simplificado, consolidando como gastaram seu tempo em vida. Vamos vislumbrar estas três situações, obviamente, muito simplificadas:

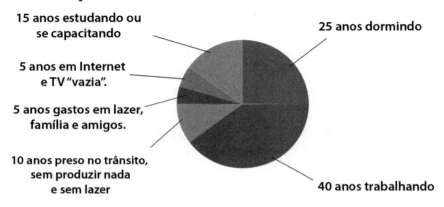

Situação 1
- 15 anos estudando ou se capacitando
- 5 anos em Internet e TV "vazia".
- 5 anos gastos em lazer, família e amigos.
- 10 anos preso no trânsito, sem produzir nada e sem lazer
- 25 anos dormindo
- 40 anos trabalhando

Situação 2
- 5 anos gastos em lazer, viagens, família e amigos.
- 30 anos em Internet e TV "vazia"
- 5 anos com afazeres domésticos
- 5 anos estudando
- 40 anos dormindo
- 15 anos trabalhando

Situação 3

Como foi falado antes, são situações muito simplificadas, contemplando somente seis facetas das centenas possíveis na vida. Mas, vou fazer uma pergunta:

> **Qual das três situações é a correta?
> A situação 1, 2 ou 3?**

Você sabe qual é a minha resposta?

Nenhuma está errada e nenhuma está correta. Tudo vai depender do que a pessoa planejou para sua vida (se é que planejou), e quais eram as prioridades na vida dela. O que importa é que ela seja honesta consigo.

Gosta de ócio? Planeje-se para o ócio e curta o ócio. Gosta de aventura? Planeje-se para a aventura e viva na aventura! Gosta de uma vida equilibrada? Então, planeje-se e viva isso. O equilíbrio e o sucesso na vida são relativos. Cada um tem o seu modo de pensar sobre isso. O que não pode é a pessoa usar isso como muleta para esconder um desequilíbrio desonesto, só por comodidade.

A estratégia mais importante da vida

O planejamento em si também não adianta nada, o que importa é a ação. A ação é que traz os resultados para a sua vida, o planejamento é só o mapa, o "GPS". O GPS pode lhe falar: "vire à direita", mas se você quiser virar à esquerda, você vira... Mas, estará sendo honesto com você mesmo?

Então, a utilidade desses gráficos é apenas para termos a noção de que o tempo de vida é um dos nossos mais preciosos recursos, senão o mais precioso de todos.

Então, esta é a pergunta-chave: se consolidarmos o tempo gasto com cada uma de nossas ações, como estamos gastando esse precioso recurso?

Lembre-se do que foi dito: "a vida é feita de escolhas". Como você está escolhendo gastar o seu tempo?

> **Passe a ter consciência de suas escolhas e use o seu tempo de maneira produtiva. Não precisa ficar neurótico, querendo exercer um total controle sobre o tempo... Isso vai lhe causar uma grande inquietação na alma. A saída é fazer um planejamento que sirva de mapa para recolocar o barco na rota de tempos em tempos. O barco não precisa seguir, exatamente, em cima do traço, nem deve ficar à deriva.**
>
> **E, uma vez colocado o barco no rumo, aproveite a jornada, curta a brisa e o céu estrelado que terá pela frente.**

O princípio de Pareto na sua vida:

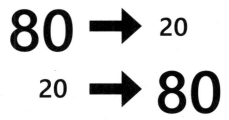

O princípio de Pareto, muito usado na área econômica e de qualidade, diz que 20% dos seus esforços são responsáveis por 80% dos seus resultados, logo 80% dos esforços geram somente 20% de resultado.

Esse princípio se aplica a nossa vida. Provavelmente, do seu círculo de amizades, você tem 20% de amigos que lhe trazem 80% das melhores sensações. Você está dando mais atenção a esses 20% ou priorizando os 80%?

Se você é um profissional liberal ou uma empresa, provavelmente, 20% dos seus clientes são responsáveis por 80% dos seus lucros, 20% dos seus produtos ou serviços geram 80% do seu faturamento.

Comece a observar onde estão os seus 20% em cada pilar da sua vida, e a ver quais são as ações que, realmente, valem a pena. E, então, comece a colocar a energia em cada coisa, de acordo com o que cada uma, efetivamente, merece. E essa energia retornará a seu favor. Assim, em vez de trabalhar mais, trabalhe melhor, se relacione melhor, viva melhor.

Quando conversei com você sobre autoconhecimento, no início desta obra, eu já dei uma dica de onde começar a achar os seus 20%, lembra? Tudo começa na combinação das suas forças internas (tudo aquilo que você já tem,

A estratégia mais importante da vida

já faz ou já gosta de fazer) com as oportunidades que o mundo externo tem a lhe proporcionar.

Você tem agido como uma lanterna ou como um raio laser?

Pegando o gancho do Princípio de Pareto, que nos direciona a valorizar nossos recursos, aplicando-os naquilo que nos traz o maior resultado, gostaria que refletíssemos sobre uma frase do célebre ator e mestre das artes marciais Bruce Lee: "o guerreiro de sucesso é um homem médio, mas com um foco apurado como um raio *laser*".

Você sabe a diferença de uma lanterna para um raio *laser*?

Enquanto a lanterna dissipa a energia para iluminar certa área, no raio *laser*, a energia é concentrada em um único ponto, para que possa promover cortes e até mesmo perfurar sólidas superfícies.

Você tem agido como uma lanterna, tentando abraçar o mundo, iluminando uma grande zona, mas sem promover verdadeiras transformações, ou está agindo como raio *laser*, concentrando sua energia para perfurar seus obstáculos?

Para encorpar essa ideia, gostaria de transcrever um trecho muito interessante do livro *Empresas feitas para vencer*, de Jim Collins, obra na qual ele analisou o desempenho de 1435 boas e grandes empresas americanas, ao longo de décadas, e destacou as características essenciais que fizeram somente 11 empresas dentre as 1435 pesquisadas conseguirem dar o salto da mediocridade à excelência duradoura:

Você é um porco-espinho ou uma raposa?

Em seu famoso ensaio O porco-espinho e a raposa, Isaiah Berlin – um dos principais pensadores liberais do

Vítor Cruz

século XX – dividiu a humanidade em porcos-espinhos e raposas, inspirado numa antiga parábola grega que diz: "A raposa sabe muitas coisas, mas o porco-espinho sabe uma coisa muito importante".

A raposa é um animal astuto, capaz de vislumbrar uma miríade de estratégias complexas para atacar de surpresa o porco-espinho. Todos os dias, a raposa fica cercando a toca do porco-espinho, à espera do momento oportuno para atacá-lo. Rápida, traiçoeira, bela, agitada e manhosa, a raposa parece ter tudo para vencer. O porco-espinho, por sua vez, é desajeitado, anda por aí balançando o corpo, vivendo sua vidinha simples, correndo atrás do almoço e cuidando da casa.

A raposa aguarda, em silêncio calculado, no cruzamento do caminho. O porco-espinho distraído, pensando na própria vida, cai direto no caminho da raposa. "A-há, agora te peguei!", pensa a raposa. E salta, arremetendo contra o solo, movendo-se com grande rapidez. O pequeno porco-espinho, percebendo o perigo, olha e pensa: "E lá vamos nós de novo. Será que ela nunca vai aprender?". Enrolando-se todo, como uma bola perfeita, o porco-espinho se transforma numa esfera de pontas afiadas, apontadas em todas as direções. A raposa, pulando sobre a presa, vê a defesa do porco-espinho e interrompe o ataque. Recua para a floresta e começa a planejar uma nova linha de ataque. Todos os dias, há uma nova versão desta batalha entre o porco-espinho e a raposa – e, apesar da grande astúcia desta última, o porco-espinho sempre vence.

A partir dessa pequena parábola, Berlin fez uma adaptação e dividiu as pessoas em dois grupos básicos: as raposas e os porcos-espinhos.

As raposas atacam em várias frentes de uma vez, e veem o mundo em toda sua complexidade. Elas se "espalham ou se dispersam e se movem em muitos níveis",

A estratégia mais importante da vida

afirma Berlin, e nunca integram seu pensamento num conceito geral ou visão unificadora.

Os porcos-espinhos, por sua vez, simplificam um mundo complexo e o transformam numa única ideia organizadora, um princípio básico ou um conceito que unifica e orienta tudo. Não importa o grau de complexidade do mundo; um porco-espinho reduz todos os desafios e dilemas a simples – na verdade, quase simplistas – ideias de porco-espinho. Para um porco-espinho, tudo o que não se relaciona de alguma forma com suas ideias não tem relevância.

O professor Marvin Bressler, de Princeton, destacou o poder do porco-espinho em uma de nossas longas conversas: "Quer saber o que separa aqueles que causam maior impacto de todos os outros igualmente brilhantes? Os primeiros são porcos-espinhos."

Freud e o inconsciente, Darwin e a seleção natural das espécies, Marx e a luta de classes, Einstein e a relatividade, Adam Smith e a divisão do trabalho – todos eles eram porcos-espinhos. Pegaram um mundo complexo e o simplificaram.

"Aqueles que deixam as maiores pegadas", afirmou Bressler, "têm sempre milhares de pessoas dizendo, atrás deles: "Boa ideia, mas você foi longe demais!"

Para ser bem claro, os porcos-espinhos não são burros. Longe disso. Eles compreendem que a essência de um insight profundo é a simplicidade. Existe algo mais simples do que $e = mc^2$? Ou mais simples do que a ideia do inconsciente, composto de um id, um ego e um superego? Ou mais elegante do que a fábrica de alfinetes e a "mão invisível" de Adam Smith? Não, os porcos-espinhos não são simplórios; têm uma percepção aguçada, que lhes permite enxergar através da complexidade e discriminar padrões subjacentes. Os porcos-espinhos veem o que é essencial, e ignoram o resto.

Jim Collins (e sua equipe) percebeu que todas as 11 empresas que fizeram o salto de "bom para excelente" seguiram este "conceito do porco-espinho".

Em essência, isso quer dizer que você precisa ter um foco naquilo que, realmente, vai agregar valor e contribuir para o seu crescimento. E, além disso, é necessário entender que tão importante quanto aquilo que você precisa fazer é aquilo que deve parar de fazer, porque não está em nada agregando a sua caminhada.

Entenda esse conceito de porco-espinho como sendo os "reais objetivos" que estamos traçando aqui nesta obra.

Ao final de seu livro, Collins deixou um recado sobre algo que volta e meia nos assola, mas que guardo sempre para minha vida, de maneira a não escorregar – e que me permito uma simples modificação, para alinhar aos conceitos que estamos tratando:

É preciso ter disciplina para dizer "Não, obrigado" às grandes oportunidades. O simples fato de determinada oportunidade "só aparecer uma vez na vida" é irrelevante, se ela não se encaixar, exatamente, com os seus reais objetivos de vida[5].

A consciência das escolhas, o foco e o aumento da produtividade

A partir do momento em que você entende como sua vida caminha e passa a ter consciência de suas escolhas, naturalmente, isso o leva a um aumento do foco.

---

5 - Adaptado de COLLINS, Jim. Empresas feitas para vencer. São Paulo, HSM. 2013. pg. 186. Texto original: "É preciso ter disciplina para dizer "Não, obrigado" às grandes oportunidades. O simples fato de determinada oportunidade só aparecer uma vez na vida é irrelevante, se ela não se encaixar dentro dos três círculos". Três círculos são três perguntas que ajudam as empresas a definirem seu conceito do porco-espinho: o que lhe desperta profunda paixão? O que aciona seu motor econômico? Qual atividade você pode vir a ser o melhor do mundo?

A estratégia mais importante da vida

Se você está, realmente, engajado em atingir certa meta e sabe o que deve e o que não deve fazer, com certeza, você focará as suas escolhas naquilo que o levará ao alcance dos seus objetivos.

Por sua vez, fazendo escolhas conscientes, com foco no alcance da meta, isso melhorará a sua eficiência produtiva, pois deixará de desperdiçar tempo com assuntos que nada contribuem para isso. Dessa forma, conseguirá produzir muito mais em um tempo menor.

E veja que coisa interessante: se você consegue, por meio do foco, resultados mais expressivos em menos tempo, está fazendo com que o seu mais precioso recurso – o tempo de vida – possa ser investido em outras atividades, que também contribuem para a sua missão e visão pessoal de vida. Com isso, temos um interessante caminho inevitável que forma o ciclo da racionalização do tempo:

> **Consciência das escolhas > Foco > Aumento da produtividade > Mais tempo para viver**

Cuidado com os "ladrões de foco"

Como já demonstrado, foco é a chave não só para aumentar sua produtividade como também melhorar a qualidade daquilo que está sendo feito. Consequentemente, este gerenciamento da atenção permite ter mais recursos (tempo) para fazer outras atividades. Então, muito cuidado com os "ladrões de foco".

Coloco nesse grupo tudo aquilo totalmente alheio ao que você está fazendo e que está roubando minutos preciosos de sua atenção, gerando interrupções e exigindo que você faça retomadas no seu trabalho, estudo ou lazer. O

Vítor Cruz

gasto energético do nosso cérebro para esses desvios e retomadas é gigante. Evite ao máximo que isso aconteça.

Infelizmente, este grupo dos "ladrões de foco" cresce proporcionalmente ao avanço da tecnologia. A tecnologia, com certeza, é uma enorme aliada da nossa eficiência produtiva, encurtando distâncias, economizando recursos e automatizando tarefas que antes eram totalmente manuais. No entanto, tanto "poder" torna-se um vício que praticamente todas as pessoas da atual geração já experimentaram, ainda que em doses diferentes.

É preciso, então, realmente tê-la como aliada, usando-a na dose certa e no momento certo. Senão, ela poderá ser uma grande inimiga, roubando por completo o seu foco e, por conseguinte, reduzindo a sua produtividade e piorando a qualidade do que está sendo produzido.

Alertas de celulares, *e-mails*, jogos, mídias sociais... A lista é imensa, mas nenhuma dessas coisas precisa ser banida da sua vida. Pelo contrário, podem e devem ser usadas, desde que corretamente. Não é preciso deixá-las de lado, mas reserve "o tempo delas para elas", e não deixe que tomem de assalto o tempo que pertence a outra atividade.

Por exemplo, experimente reservar um ou dois períodos do seu dia apenas para responder *e-mails*, em vez de respondê-los na medida em que chegam. Considere separar um momento do seu dia para as mídias sociais, e esquecer que elas existem nos demais momentos. Raramente, (para não dizer nunca) recebemos mensagens, *posts* ou *e-mails* com assuntos, realmente, urgentes que precisam ser respondidos em minutos.

Quantas vezes você já se percebeu perdendo preciosas horas de sono, só porque resolveu dar aquela última checada nos *e-mails* antes de dormir, o que o instigou a abrir um ou dois e, quando percebeu, já se passaram boas horas.

A estratégia mais importante da vida

Embora no meu dia a dia eu sempre receba inúmeras mensagens importantes, nunca a vida de alguém dependeu de uma resposta minha por *e-mail* para ser salva. Então, quando você se propõe a deitar na cama para descansar, é hora de descansar e pronto!

Se for hora de ver um filme, é hora do lazer e nada mais (comer uma pipoca vale)! Se for hora de parar para escrever um livro, é hora de escrever.

Da mesma forma, se é hora de entrar nas mídias sociais ou de ler e responder *e-mails*, não posso deixar que minha atenção seja dispersa naquele filme da televisão, pois senão a meia hora que antes era necessária se estenderá por horas, devido as tantas paradas e retomadas. Além disso, corre-se o grande risco das mensagens, que deveriam ser claras e corretas, saírem confusas e com erros.

Mas, lembre-se de que não é só a tecnologia que rouba a sua atenção. Você deve se policiar quanto a tudo que tira o seu foco.

Então, esqueça o trabalho na hora do lazer e vice-versa.

Você deve estar se perguntando: é muito fácil escrever isso. Como eu posso, simplesmente, me "desligar" em um mundo que exige tanto, e cada vez mais, a multitarefa?

Eu me fiz essa pergunta por longos anos... Sempre estive no topo entre as pessoas mais desorganizadas com o tempo. Mas, pude reverter a situação com uma coisa muito, mas muito simples, que eu lhe digo agora (novamente):

> **Tenha consciência de seus atos, até que você consiga fazer com que estes se transformem em hábitos.**

Se você criar a consciência daquilo que contribui e daquilo que atrapalha o alcance dos seus objetivos, verá a essência de cada uma das coisas. Você perceberá o que está sendo um aliado ou um inimigo do alcance de seus objetivos e não deixará mais ser levado pela aparente inofensividade de pequenos detalhes. Não haverá mais lobos em pele de cordeiro. Você nunca mais falará, por exemplo, "só vou dar aquela espiadinha" na rede social, se você tiver consciência do que está deixando de lado para isso. Deixe essa espiadinha para a hora dela!

Mais uma vez: não se transforme em uma máquina, mas faça um "choque de gestão" no seu tempo, para reprogramar a maneira que você lida com ele.

A partir dessa reprogramação de seus hábitos, a sua tarefa será apenas mantê-los alinhados ao seu planejamento, criando os pontos de ancoragem para que, de tempos em tempos, possa questionar como está se saindo e se há algo que precisa ser corrigido.

A regra de diamante da vida: aprender a multiplicar seu tempo!

Como já estamos totalmente cientes de que o tempo é o principal recurso que temos na vida, chega o momento de eu passar uma regra de diamante, que pode lhe poupar anos de resultados na sua vida.

Melhor do que saber como gerenciar seu tempo é aprender a multiplicá-lo. Obviamente, não podemos multiplicar o tempo em si, mas, podemos multiplicar os resultados que obtemos usando o tempo.

Para ser mais claro, a regra, seja para seus negócios ou vida é: "Evite ao máximo fazer algo que seja um fim em si mesmo, sempre busque realizar coisas que lhe gerem dois, três... mil resultados, com o mesmo esforço" (economia de escala).

A estratégia mais importante da vida

Para ilustrar, vamos começar por um exemplo bem simples: durante muitos anos, trabalhei no quarto andar de um prédio. Eu tinha duas opções, pegar as escadas ou o elevador.

O elevador foi a minha opção por muito tempo, até eu me convencer de que ao subir pelas escadas iria alcançar o mesmo fim – chegar ao quarto andar – mas, no trajeto, eu iria fortalecer minhas pernas, melhorar minha circulação, minha capacidade respiratória e ainda contribuir para o alcance das minhas metas de dar dez mil passos por dia.

Ainda falando de atividade física, descobri que eu não precisava sair para me exercitar. Psicologicamente, era bem mais interessante sair para ouvir música e, assim, fazer daquele momento um grande lazer, mas, como ouvir música não atrapalha meus movimentos, estava "tudo bem" se enquanto eu ouvia música, praticava minhas corridas, lazer e saúde ao mesmo tempo.

Em 2009, ao final de uma pós-graduação, estava em dúvidas sobre qual tema escolheria para o meu trabalho de conclusão de curso. Então, apliquei essa regra de diamante e usei o mesmo material fruto da minha pesquisa para publicar livros, montar aulas e outros materiais que explorei economicamente, por quase dez anos.

Na minha carreira de professor, era frequentemente chamado para ministrar aulas presenciais, porém, percebi que isso não otimizava meu tempo, pois enquanto eu subiria no palco para falar três horas para um grupo de cem alunos, eu poderia usar estas três horas para elaborar um material que, mediante ferramentas de educação a distância, fosse ajudar dez mil alunos de norte a sul. E o mesmo material pudesse derivar para três ou quatro livros sobre o tema.

Ao escrever uma palestra, eu tento criar módulos, de forma que eu possa usar a mesma palestra para uma apresentação de dez, 30 minutos ou uma hora.

Vítor Cruz

Uma dica especial para conseguir colocar isso em prática é desenvolver, continuamente, a sua organização. Seja alguém muito organizado com seus reais objetivos em todas as áreas da vida. A organização estratégica da sua vida é essencial para alcançar esse fim (por isso, mais uma vez, eu recomendo o uso frequente e incessante da carta náutica da vida).

A concretização máxima dessa regra de diamante é a automatização.

Explico: primeiro, identifique os "produtos" que você quer ou precisa entregar ou elaborar para sua vida pessoal ou profissional. Depois disso, identifique qual é o processo de trabalho que você executa para entregar o resultado. Agora, cabe a você criticar por meio de três perguntas básicas:

1 - Esta é a melhor forma de fazer este trabalho? Como o processo pode se tornar mais eficiente: envolvendo menos etapas ou gastando menos recursos?

2 - Como eu consigo utilizar este processo para gerar vários outros produtos, seja no final ou ao longo desse processo?

3 - Como eu posso usar os recursos dos quais disponho, sejam eles de tecnologia da informação, pessoas ou qualquer outro para que eles se tornem automáticos (sem que eu precise agir ativamente para que cada etapa do processo aconteça)?

"Vítor, mas existem momentos em que não conseguimos fugir, temos que fazer aquela tarefa 'chata' que será um fim em si mesma!".

É verdade, muitas vezes isso acontece, por isso eu disse "evite ao máximo", mas não há como fugir completamente. Existe, no entanto, uma coisa que você pode fazer para que o tempo gasto não seja de todo perdido: prestar atenção ao aprendizado, à experiência!

A estratégia mais importante da vida

A todo o momento, você pode se questionar "como posso fazer essa tarefa de forma mais simples e fácil?", "Como essa tarefa me ensina algo que eu possa aplicar em outro momento da minha vida?".

Ainda na minha carreira de professor, foi preciso que eu gravasse certo curso *online*, que era um fim em si. O conteúdo da gravação não conseguiria aproveitar "para nada". Porém, sabendo disso, fiquei a todo o momento pensando "o que eu posso levar de experiência disso aqui, para que não obtenha apenas um único resultado para esse meu esforço?".

Então, eu tripliquei meu nível de atenção, e aproveitei para aprender com os erros e acertos do estúdio, monitorar e otimizar o tempo gasto e a disposição dos termos nos *slides*, melhorar a postura no vídeo, a entonação vocal e diversas outras coisas.

Ou seja, na verdade, usei a gravação como um grande experimento para coisas que eu poderia melhorar para minhas próximas aulas, palestras e até nos ajustes técnicos para minhas filmagens.

E, embora você possa estar pensando: "ah, mas sempre irei ganhar experiência com algo", não é bem assim. Quando você está, verdadeiramente, focado em absorver tudo o que pode daquele momento, já pensando em usá-lo para melhorar sua produtividade futura, seu nível de atenção aos detalhes e retenção de aprendizado fica muito maior.

A partir de agora, eu convido você a começar a multiplicar seu tempo a todo o momento, extraindo ao máximo o aprendizado de tudo que vier a ter contato, tentar otimizar seus processos, pensando até mesmo em automatizá-los e sempre, sempre mesmo, pensando em "como eu posso realizar essa tarefa de modo a gerar vários resultados – ainda que em momento futuro – com um único esforço.

Parte 4:

A navegação atenta e focada no cumprimento da missão

Vítor Cruz

Atenção ao cumprimento do planejado e o foco inabalável na grande conquista!

> Você não pode mudar o vento, mas pode ajustar as velas para chegar onde quer. (Confúcio)

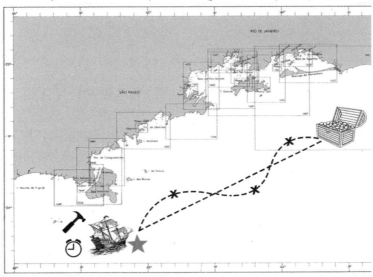

A estratégia mais importante da vida

Agora que você já tomou a decisão, planejou-se para a jornada e abasteceu seu navio de tudo o que é necessário, chega a hora de se lançar ao mar e colocar em ação o planejado, com muita força de vontade e respaldo no seu forte "porquê".

Lembre-se de que você irá se deparar com ondas, ventos e correntezas que tentarão tirá-lo, a todo o momento, da rota traçada e impedir que alcance seus objetivos.

Você só conseguirá chegar com segurança e exatidão ao que planejou se ficar atento aos seus pontos de ancoragem e, frequentemente, corrigir seu rumo para a direção correta.

Quanto maior a frequência dos pontos de ancoragem, mais fiel à rota será a navegação.

> **O grande ponto-chave desse processo é você conseguir criar hábitos que o levem a alcançar os objetivos traçados. E o primeiro a ser criado é o hábito de verificar a sua carta náutica da vida, todos os dias.**

Eu, por ex., criei uma rotina em que todos os dias, quando sento para trabalhar, automaticamente eu tiro o *pendrive* da mochila, coloco no computador e, em seguida, abro minha carta náutica da vida e a coloco bem na minha frente.

Você verá que um minuto é suficiente para passar os olhos em toda a sua carta náutica da vida, e saber se está saindo do rumo, ou dando as manutenções corretas em todos os seus pilares. E, se necessário, já tomar as decisões, naquele momento, para a correção da rota.

Vítor Cruz

O segundo hábito a ser criado é, justamente, o de fazer as coisas que o levam na direção daquela visão que você quer enxergar no último dia da sua vida. E parar com os passos laterais, ou para trás, que em nada contribuem para a sua jornada.

No início, você precisará aumentar esse seu estado consciente de caminhada, acontece que o gasto energético de se permanecer consciente o tempo todo é muito alto, e daí surge a necessidade de você criar o hábito desses comportamentos de sucesso, e expurgar da sua vida os comportamentos parasitas, de maneira que você racionalize as energias e faça seu motor girar em um piloto automático benéfico.

Vamos, agora, entender como vamos criar esses dois hábitos na nossa vida.

Vítor Cruz

Os hábitos para fazer o motor girar em piloto automático e garantir a conquista!

Motivação faz você começar!
Hábito faz você continuar. (Autor desconhecido)

O primeiro ponto a entender:
seu cérebro está em guerra!

Isso mesmo... Quando estamos atrás de um objetivo, a longo prazo, travamos uma grande batalha, basicamente entre duas partes do cérebro: uma atrelada a nossa razão, às efetivas decisões que tomamos de maneira consciente – comandada pelo nosso córtex pré-frontal – e o nosso inconsciente, que está esparramado pelas estruturas mais primitivas do nosso cérebro, com destaque para o sistema límbico, responsável pelas emoções, e passa praticamente o dia inteiro, incansavelmente, pensado em duas coisas: fugir da dor e buscar prazer.

Acontece que o córtex pré-frontal é uma parte bem pequena, bem como seu efetivo uso. Estudos de neurociência mostram que a maioria das nossas ações no dia a dia, (que podem chegar até 95%) são ações inconscientes, baseadas em puro instinto, ou governadas por esse sistema de recompensas de fuga da dor e busca de prazer.

Charles Duhigg, em seu livro *O poder do hábito*, cita um estudo que mostra que 40% de nossas decisões sequer podem ser consideradas efetivas, mas, somente, força do hábito.

Ou seja, se você decidiu que hoje à tarde vai tomar uma xícara de café com pão de queijo, não decidiu isso. O seu cérebro, inconscientemente, associou isso a um prazer, criou dentro de si esse anseio e você apenas concordou que não teria problema algum nisso e não se esforçou em romper o desejo.

145

A estratégia mais importante da vida

Se você perceber, então, é uma briga quase injusta de forças. Suas decisões racionais, representadas pelo seu córtex pré-frontal, tentando arrastar à força alguém muito maior, seria como a briga de um homem contra um elefante[1]. É claro que não é preciso nem contar o final da história, para sabermos quem ganha essa guerra de forças, não é mesmo?

Em nosso dia a dia, se fôssemos representar o nosso córtex pré-frontal – a parte consciente do cérebro – como um homem e o sistema límbico – a parte emocional – como um elefante, essa guerra transpareceria da seguinte forma:

Caso 1

Domingo à noite você decide racionalmente que, na segunda-feira pela manhã, acordará às 6 horas, calçará seu tênis e dará uma corridinha antes de ir ao trabalho, para gastar um pouco das calorias extras do final de semana.

O que, efetivamente, acontece:

O despertador toca e, inconscientemente, você conversa com o seu elefante:

Homem:

— Elefante, levante da cama, porque nós necessitamos dessa corrida. Vamos logo!

Elefante (curto e grosso):

— Não, eu vou dormir!

Homem:

— Não faz isso não...Vamos lá.

Elefante:

— Já falei que eu vou dormir!

Quem ganha essa guerra? O elefante, é claro.

---

1 A metáfora do nosso sistema límbico como um elefante a ser domado tem origem em Jonathan Haidt, disponível na obra "*Switch: como mudar quando a mudança é difícil*" de autoria de Chip Heath e Dan Heath, Editora Arcadia, 2011.

Caso 2

Você precisa passar em um exame ou concurso e decide, racionalmente, que precisa estudar todos os dias ao chegar do trabalho.

O que, efetivamente, acontece? Você chega cansado do trabalho e diz ao elefante:

Homem:

— Elefante, vamos estudar!

Elefante:

— Estou nem aí para isso não. Estou cansado, vou assistir televisão! Ou, quem sabe, uma olhadinha "rápida" nas redes sociais.

Você já perdeu a guerra!

O pior de tudo é que esse conhecimento é quase que banal no mundo empresarial e publicitário. Tem tanta gente que sabe que seu elefante só se move quando ele vai achar prazer ou fugir da dor, que você é bombardeado o dia inteiro por pessoas, produtos e propagandas feitas não para você, mas para o seu inconsciente.

Que mulher não adora comprar sapatos? As propagandas falam a língua de seu elefante: "meninas, comprar sapatos é um baita prazer..." e o que acontece? Ela vai lá e compra o sapato, sempre que tem disponibilidade.

Para os homens, são apelos como: "Rapazes, falar de futebol, comendo um petisco e tomando uma cervejinha com os amigos, cura qualquer dor". Se a pessoa é adepta dessa bebida, sempre que possível fará um esforço para ir atrás da fuga dessa dor.

Então, uma coisa é certa, e nunca se esqueça disso:

Você só irá para onde o seu elefante quiser ir e, assim, passar a carregá-lo.

A estratégia mais importante da vida

Ou você aprende a domar o seu elefante e fazer com que ele o carregue para onde, realmente, quer ir, ou alguém acabará fazendo isso por você e o seu elefante o conduzirá para onde esse alguém quer que você vá.

Ou, como diria William Shakespeare em O menestrel: "Aprende que, ou você controla seus atos, ou eles o controlarão...".

Como domar o seu elefante

O que acabamos de ver explica muita coisa. Perceba só: quantas vezes você já viu algum vídeo ou história motivacional e pensou: "É... Eu preciso mudar minha forma de encarar a vida!".

Por que, na maioria das vezes, você se esqueceu disso poucos dias depois?

A resposta é simples: seu cérebro arranjou coisas "mais importantes" para se preocupar. E, mesmo que você não tenha esquecido e tenha, realmente, mudado a sua forma de caminhar, pode ser que com o tempo tenha visto esse ímpeto esfriar cada vez mais.

Por que aconteceu isso? Porque não houve uma retroalimentação da decisão tomada, criando um círculo virtuoso entre consciente e inconsciente. Você não conseguiu domar o seu elefante e convencê-lo de passar a caminhar na direção correta. À força você não vai conseguir arrastá-lo. É ele que o arrasta!

Você precisa reprogramar o seu cérebro para que, ao "arranjar coisas mais importantes", ele escolha justamente aquelas que você decidiu conscientemente.

Não é tarefa fácil, mas são basicamente seis passos:

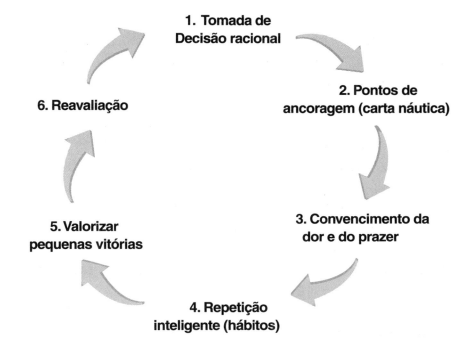

Passo 1: a tomada de decisão racional

Tudo começa com uma decisão racional, consciente, com base no seu forte "porquê", de maneira que você tome decisões coerentes com o que, realmente, deseja para a sua vida, e que sejam fortes o suficiente para acender a fagulha da motivação no seu elefante. Essa será a definição da direção para onde quer que ele caminhe. Depois disso, caberá a você convencê-lo a ir nessa rota.

Passo 2: os pontos de ancoragem

É necessário que, assim que você tome a decisão consciente de definir a direção para a qual quer que o seu elefante se mova, imediatamente, crie um ponto de ancoragem, documentando essa decisão, para que não seja esquecida.

A estratégia mais importante da vida

Os pontos de ancoragem serão tudo aquilo que irá, frequentemente, trazê-lo do estado de piloto automático (inconsciente) de volta ao estado consciente de caminhada na direção traçada.

Existem diversas formas de criar pontos de ancoragem. Por exemplo, se você deseja aumentar a ingestão de água, pode colocar garrafas d'água em locais estratégicos para lembrá-lo. Você pode, em alguns casos, criar mecanismos como um painel de fotos ou de elementos que estimulem a caminhada em determinada direção. Coisas positivas e negativas que o lembrem sempre que você não pode ficar à deriva, que precisa continuar sua caminhada em determinado rumo. Vale tudo para que o seu cérebro não pregue a peça de tirá-lo do foco traçado.

O ponto de ancoragem que eu considero mais efetivo e abrangente é, justamente, a carta náutica da vida em uma folha escrita.

Eu uso a minha carta náutica da vida escrita, justamente como ponto de ancoragem para guiar o meu elefante na direção que eu quero, de maneira a concretizar, ao máximo, meu potencial nas diversas áreas da vida.

Sem os pontos de ancoragem, você entra em um piloto automático e deixa de garantir que o seu elefante esteja indo na direção que você, efetivamente, decidiu racionalmente que ele fosse.

Quantas vezes você já assistiu a um filme, ou a uma palestra motivacional, que o tocou profundamente e o fez pensar: caramba, eu preciso repensar minha vida, tomar decisões, modificar hábitos?

Às vezes, você até colocou em prática aqueles ensinamentos, mas se passaram os dias e tudo voltou ao estado em que estava antes.

Não é assim?

O que aconteceu?

As correntezas do dia a dia foram sutilmente o tirando do rumo e você nem percebeu. Quando deu por si, já estava "desperdiçando seus tijolos diários", navegando por uma rota bem diversa da que você tinha traçado.

Nos últimos anos, todas as vezes em que a minha vida começou a bagunçar foi porque eu fiquei desatento com minha carta náutica da vida. Bastou sentar, atualizar a carta e retomar os pontos de ancoragem e tudo voltou ao mais perfeito equilíbrio.

Você tem, agora, à distância de apenas uma decisão, o remédio para que essas perdas de rumo nunca mais aconteçam na sua vida.

Montar a sua carta náutica e criar o hábito de usá-la é o remédio para que você consiga, efetivamente, selar um compromisso de buscar o que há de melhor para a sua vida, em todos os pilares e, ainda, que venha a passar por mares turbulentos, consiga aportar com segurança e exatidão nos seus maiores sonhos.

Passo 3: convencimento da dor e prazer

Ainda que tenhamos pontos de ancoragem, ninguém consegue permanecer governado pela razão, cem por cento das vezes.

Você precisa fazer com que seu cérebro busque recompensas prazerosas nos comportamentos e ações que deseja estimular, e ache consequências desastrosas nos comportamentos que racionalmente considerou nocivos. É a mesma essência do que o escritor e palestrante Anthony Robbins chama de Condicionamento neuro-associativo (NAC).

A estratégia mais importante da vida

Só que, mais do que associar estados mentais de dor e prazer, na verdade, você precisa, efetivamente, se convencer da dor que certo comportamento nocivo irá lhe causar e do prazer que certo comportamento benéfico irá lhe trazer.

Vale quase tudo nessa tarefa de estimular o seu cérebro a achar prazer naquilo que se quer estimular, e desprazer naquilo que se quer desestimular.

Por exemplo, se você quer entrar em forma, mas tem preguiça, comece a imaginar o resultado, permita-se apropriar-se do momento em que você estará, exatamente, como deseja e, efetivamente, sinta como será bom estar com a autoestima renovada e de todas as soluções que isso trará. Se convença de que é, realmente, isso que você quer e que será muito prazeroso. Passe, também, a buscar rotinas prazerosas como o exercício em um grupo de amigos ou ouvindo as músicas que mais gosta. Faça do caminho escolhido um caminho prazeroso.

Já, se você quer passar em uma prova ou exame, estude em ambientes que lhe tragam bem-estar. Imagine o resultado da aprovação, sinta o prazer desse sucesso, use todos os mecanismos que puder para convencer seu cérebro de que não há nada melhor a ser feito naquele momento, a não ser estudar e treinar.

Agora, se quer repelir alguma atitude que você ache nociva, faça o caminho contrário, reúna todos os elementos que puder para se convencer do estrago que aquilo está causando em você e nas pessoas a sua volta. E não tenha pena de si mesmo. Pegue pesado!

Se você tem, por exemplo, o costume de ser imprudente no trânsito, como beber e dirigir ou trafegar em alta velocidade, é preciso que seus pontos de ancoragem o façam entrar em contato frequente com imagens e relatos chocantes da imensa dor que você pode estar atraindo para a sua vida, ou para a de seus familiares. Você não pode pegar leve aqui, senão não conseguirá sobrepor o prazer do momento.

> **Você já percebeu que, quando traçamos metas, é comum ficarmos adiando o seu cumprimento (procrastinação)? Por que isso ocorre?**

A situação de, frequentemente, deixar para depois ocorre, justamente, porque a dor em executar uma tarefa chata ou árdua está maior para o seu elefante do que o prazer do resultado que será alcançado.

Agora, você já tem o remédio:

> **Você continuará adiando seu sucesso até estar convicto de que o prazer da vitória superará em muito a dor da caminhada.**

Por esse motivo, você precisa investir muito em associar fortes estados mentais de prazer aos resultados que quer alcançar, efetivamente, imaginar-se vivenciando-os. Até porque a força que atua em nosso cérebro para a fuga da dor é maior do que a busca do prazer. Logo, o convencimento do prazer que será alcançado com a sua vitória tem de ser, realmente, forte, para superar a dor do chato caminho que, muitas vezes, você precisa trilhar.

A estratégia mais importante da vida

Passo 4: repetição inteligente

A repetição inteligente visa a formação de hábitos de sucesso. Nosso cérebro funciona como se fosse um músculo:

> **Quanto mais você treina algo, mais a área cerebral associada à ação se desenvolve e isso se torna intuitivo e mais fácil de fazer.**

Repita o mais frequentemente possível as ações oriundas de suas decisões conscientes, até que você não precise mais se preocupar com elas, pois já estarão fáceis e internalizadas. No início, criar a rotina de estudar, trabalhar, exercitar-se é muito difícil, mas, superada a barreira inicial, começa a ser automático.

Digamos que você tenha o hábito de fazer algo: sempre que acontecer algum gatilho (1) você desencadeia certa rotina (2) para que consiga alcançar uma recompensa (3).

Os três elementos: gatilho, rotina e recompensa formam o "loop do hábito". E as pesquisas mostram que:

> **É muito mais fácil modificar um hábito do que eliminá-lo, porque você não terá forças para modificar os gatilhos que acontecem ao longo do seu dia. Por outro lado, você tem o poder de modificar as rotinas que decorrem desses gatilhos. Como se diz: você não pode parar as ondas, mas pode aprender a surfar.**

Você precisa, então, estar muito ciente destes três elementos: o gatilho, a rotina e a recompensa, para que consiga modificar os hábitos do seu elefante. Mas, primeiro analise o evento, foque na recompensa, associando uma recompensa de muito maior prazer ou de fuga da dor e, depois, modifique a rotina. Após isso, repita, repita e repita essas ações conscientemente, até que elas virem hábitos e sejam incorporadas ao seu dia a dia de maneira inconsciente.

Uma "crendice popular" baseada numa má interpretação de uma obra do cirurgião plástico Maxwell Maltz diz que, após repetir um comportamento de maneira inteligente, por cerca de 21 dias, ele se incorpora a sua rotina. Na verdade, isso é um mito, propagado por um verdadeiro "telefone sem fio".

Estudos mais robustos sobre o tema mostram que a formação de hábitos depende muito de cada pessoa e da complexidade do hábito. Hábitos simples costumam demorar cerca de 18 dias para se formarem e outros mais complexos exigiriam até 254 dias, sendo a média em torno de 66 dias.

Deixar de executar certa atividade, ocasionalmente, um dia ou outro, não tem influência sobre a formação do hábito, porém, o esquecimento por um período considerável como, por exemplo, uma semana inteira, joga por água abaixo todo o trabalho.

Outra informação importante é que o ideal é que seja mudado um hábito de cada vez.

Novamente, então, repisamos neste ponto: a construção da sua vida ideal não é um ato isolado, é um processo.

Não adianta jogar tudo para o alto e achar que, no dia seguinte, estará organizado. Você precisa ir construindo essa vida, tijolo por tijolo, hábito por hábito, com muita determinação, planejamento e paciência.

É algo longo, mas que pode se tornar permanente se bem feito. E tudo isso está pautado nessa paciência para formação dos hábitos de sucesso.

A estratégia mais importante da vida

É necessário, então, que você identifique o que está bom e o que está ruim na sua rotina, e faça uma lista dos hábitos que deseja modificar ou inserir na sua vida.

Após isso, identifique em que momentos os maus hábitos são engatilhados, quais as rotinas que decorrem deles e a "recompensa" que você tem com isso.

Concluída esta análise do *loop* do hábito que você quer interromper, passe, por meio da associação de estados mentais (dor e prazer), buscar recompensas ainda maiores para o novo hábito e, assim, comece a modificar as rotinas decorrentes do gatilho.

Esteja ciente de que você precisa desenvolver na sua vida dois "tipos" de hábitos muito importantes:

1 - Os hábitos de sucesso em si. Ou seja, as rotinas que o levarão a construir a vida que você deseja.

2 - O hábito de seguir o planejamento e fazer pontos de ancoragem. Muitas pessoas que começam a se planejar e a trilhar um planejamento abandonam essa rotina em alguns meses. Por que disso? Porque não criaram o próprio hábito do planejamento.

Por exemplo, para que o planejamento passasse a ser um hábito na minha vida, eu criei um *loop*:

1 - Gatilho: sentar na minha cadeira para trabalhar.

2 - Recompensa: extrema satisfação em saber que, se eu conseguir cumprir minhas metas, estarei cada vez mais próximo do extremo sucesso pessoal e profissional que planejei.

3 - Rotina: colocar meu planejamento bem a minha frente, na mesa de trabalho e cumprir algumas metas, preferencialmente, as mais difíceis.

Quanto mais previsível for o evento, a rotina e a recompensa, mais rápido isso irá virar um hábito. Se você decide se exercitar ou estudar todos os dias nos mesmos horários, no mesmo local etc., será mais fácil para o seu cérebro entender que isso faz parte da sua vida agora, e irá parar de lutar contra. Por exemplo, se você quer que o estudo vire um hábito, é preferível que você reserve um mesmo local e horário para estudar, de maneira que isso seja incorporado a sua rotina diária.

Passo 5 – Valorize as pequenas vitórias

Isso não é somente uma frase de autoajuda. Quanto mais você se estimula e cria o hábito de valorizar as pequenas vitórias, mais você se torna focado nos comportamentos de sucesso, direciona as suas forças para esse tipo de comportamento e, assim, passa a repetir pequenos passos corretos, até formar uma grande maratona de sucesso.

Essas pequenas vitórias também são a chave para você incluir na sua rotina os chamados "hábitos angulares" de sucesso, que são aqueles hábitos que acabam irradiando comportamentos de sucesso para toda a sua vida. Pois, em muitos casos, ainda que se tratando de objetos diferentes, a mesma parte do cérebro é estimulada na ação.

Por exemplo, se você é uma pessoa organizada em casa, provavelmente, será uma pessoa organizada no trabalho, nas finanças etc., pois a organização, independentemente de que tipo, já está fortalecida em você.

É comemorando e valorizando essas pequenas vitórias, que você fala ao seu cérebro: "continue assim, você está no caminho certo!".

Passo 6 – Reavaliação

Surge, então, a necessidade de que você, regularmente, use momentos para revisar seus hábitos e documente o compromisso em pontos de ancoragem, retirando do seu dia a dia aqueles que não contribuem para suas metas, ou até

A estratégia mais importante da vida

mesmo atrapalham o alcance delas. E inserindo ou reinserindo novos hábitos que estejam alinhados ao seu planejamento.

Reveja, conscientemente, suas ações e hábitos para romper os nocivos e estimular os úteis, criando um círculo virtuoso entre consciente e inconsciente.

Também avalie se está realizando coisas importantes no piloto automático, pois, depois que repetimos tantas vezes uma mesma coisa, com tanta regularidade, não precisamos mais nos preocupar em sair da inércia para fazê-la. Ela está presente no dia a dia, como escovar os dentes, tomar banho... Coisas que fazemos "sem pensar".

Todavia, fazer as coisas sem pensar acaba sendo uma "faca de dois gumes".

Os hábitos trazem consigo o inerente risco de estarmos, inconscientemente, fazendo coisas erradas ou acabarmos entrando em piloto automático e perdermos a consciência sobre a plenitude do momento.

Ao mesmo tempo, você pode escolher quais hábitos começará a criar, e fazer escolhas conscientes daqueles que vão, de alguma forma, contribuir para seus objetivos de vida, tais como se alimentar de maneira mais saudável, fazer atividades físicas, usar protetor solar, ler livros regularmente, estudar...

Existem várias tarefas pequenas que podem e devem ser reavaliadas. Devemos nos habituar a fazer outras tarefas, mas apropriando-nos plenamente do momento enquanto as realizamos. Por exemplo, o hábito de caminhar todas as manhãs.

É duro levantar da cama cedo para fazer uma atividade física, principalmente para as pessoas sedentárias há muito tempo. Porém, se você começa a fazer isso um dia após o outro, consciente de que isso é importante para a

Vítor Cruz

sua saúde, começa a agir conscientemente para associar sentimento de extremo prazer a essa atividade. Mas, nada impede que isso venha a se tornar um hábito e, uma vez dessa forma, não será mais tão sofrido.

Nesse caso, o hábito acaba não sendo o exercício físico em si, mas o pequeno ato de despertar e partir. Você não precisa estar em "piloto automático" durante o exercício. Aproveite o tempo para refletir, viver o momento, sentir-se vivo.

Afinal, não vamos nos dar ao trabalho de construir um belo palácio para não desfrutarmos de seus aposentos, não é mesmo?

Vamos reavaliar a forma como usamos nosso tempo, dar a ele o devido valor, usá-lo para o que, realmente, vale a pena. Dentro deste direcionamento, vamos valorizar mais as pessoas que gostamos, valorizar a nossa vida!

Que tal ousar um pouco mais?

Certa vez, em uma viagem pela praia de Cumbuco, no Ceará, eu resolvi fazer a um menino, de aparentemente 12 anos de idade, a clássica pergunta: "o que você quer ser quando crescer?".

Sem titubear, ele me respondeu: "bugueiro"! Bugueiro são aqueles motoristas que fazem passeios com turistas nas dunas de areia.

O que esse menino, na realidade, fez? Ele me respondeu seu "sonho possível", dentro da sua realidade e que era o máximo que poderia palpar.

Você acha que seria impossível que esse menino se tornasse um médico? Um presidente da república? Um engenheiro da NASA.?

Claro que não é impossível. Mas, para ele, era um sonho aparentemente impossível, pois não era palpável para sua realidade imediata.

Então, eu pergunto a você: qual a diferença entre algo possível e algo impossível?

> **Impossível é somente algo sobre o que ainda não temos uma referência de possibilidade, ou até temos referência, mas a afastamos de nós.**

Muitas coisas que temos, atualmente, ao nosso redor, eram tidas como totalmente impossíveis no passado. Muitas vezes, atribuímos à tecnologia a criação dessa referência, mas, por trás de tudo, sempre há o pensamento humano, que não se conformou em enxergar tal coisa como impossível.

A estratégia mais importante da vida

Certamente, com toda essa história de definição de objetivos, você deve ter planificado sua vida e suas possibilidades de ação e está entusiasmado em agir para concretizar tudo aquilo de que a sua vida precisa. Mas, diante de todas essas "possibilidades", que tal colocar também algumas "aparentes impossibilidades"?

Sem querer desmerecer seus grandes e importantes objetivos, gostaria apenas de deixar uma reflexão. Eles são mesmo aquilo que faria você olhar para trás no último dia de sua vida e falar: "tudo isso foi sensacional"?

Não podemos ter medo de ousar. Afinal, nossa vida é única, ela merece ser sensacional e, por isso, nós vamos fazer com que ela seja!

Grandes atores, artistas, bilionários, filantropos, diversos líderes e demais celebridades começaram do zero sua caminhada até o grande sucesso. Por algum motivo, as pessoas, raramente, usam esses grandes homens e mulheres como uma efetiva referência de possibilidade e espelho, pois acham que eles são "de outro mundo". Mas, você e eu sabemos que não é bem assim.

> **É tudo questão de sonho, planejamento, foco e disposição para pagar o preço proporcional ao tamanho do seu sonho.**

Quanto mais você se aproxima dessas pessoas, as trata como iguais a você e diz: "se ela conseguiu, eu também consigo", mais pode começar a ousar. Basta acreditar, efetivamente, nisso, tanto quanto a sua referência de possibilidade acreditou para chegar onde chegou.

Acontece que, ao longo da vida, ouvimos, vemos e absorvemos diversas informações que nem sempre são verdadeiras. Informações que limitam a nossa verdadeira capacidade e destroem nossos sonhos e, consequentemente, nossas vidas. Isso mesmo, todas aquelas frases feitas ("isso não é para você", "pare de se iludir", "coloque-se no seu lugar"...) não são verdadeiras e, se você acredita nisso, está fadado a uma verdadeira prisão mental.

É necessário que você entenda que o "agora" irá definir o seu futuro. As decisões que toma nesse exato momento é que definirão quem você é e será no futuro. Você não pode trazer para a sua jornada as limitações que você mesmo ou alguém lhe impôs no passado. Entenda, a única coisa que, realmente, o limita na vida é a sua incapacidade de agir e, felizmente, isso é algo remediável, pois só depende de você.

Então, caso decida agora agir em busca de um objetivo, qualquer que seja ele, ainda que um "sonho impossível", você acabará rompendo a única limitação que existe na sua vida e, a partir de então, é só ajustar o caminho e ter perseverança até conquistar. Dê o primeiro passo, reúna as armas e estratégias e não perca o foco até conseguir.

> **O limite do seu crescimento é o mesmo limite da sua autoconfiança! Confie no seu potencial, incondicionalmente, e então o seu crescimento será limitado tão somente a sua capacidade de sonhar.**

A estratégia mais importante da vida

No ano de 2014, o surfista brasileiro Gabriel Medina se tornou o primeiro campeão mundial da elite do surfe profissional, depois de décadas em que os brasileiros perseguiam o título com insucesso.

Mas, até aí nada parecia assim tão excepcional. Era apenas mais um campeão subindo ao pódio – sem desmerecer o feito do nosso Gabriel, é claro. O que, realmente, fez a diferença foi a constatação de que a coisa mais maravilhosa e interessante não foi a sua vitória, mas a criação de uma referência de possibilidade. Com esse estabelecimento da referência de possibilidade, já em 2015, curiosamente, outro brasileiro, Adriano de Souza, o Mineirinho, foi o grande campeão e, dentre os quatro primeiros colocados, três deles foram brasileiros.

Coincidência?

Mineirinho deu uma entrevista[2] com o seguinte comentário: "Eu disse para o Gabriel na água que, sem ele, eu nunca seria campeão. Ele me mostrou o caminho para chegar até aqui. Muito obrigado, Gabriel, por me mostrar como ser campeão mundial ".

Alguma dúvida de que, agora, existam diversas crianças, aqui no "País do Futebol", deixando a bola de lado e indo para as águas com uma fé inabalável de que podem ser os próximos campeões mundiais de surfe? A referência foi criada, não é mais um sonho impossível.

Como eu já disse aqui neste livro, muitas das coisas possíveis que temos hoje no mundo já foram impossíveis. Foi preciso alguém para sonhar, acreditar que era possível, acreditar, incondicionalmente, no seu potencial de realização e conseguir executar, criando uma referência de possibilidade.

---

2 ABRAMVEZT, David. *Após decepção, Mineirinho diz que título de Medina "mostrou o caminho"*. Disponível em: <http://globoesporte.globo.com/radicais/surfe/mundial--de-surfe/noticia/2015/12/apos-decepcao-mineirinho-diz-que-titulo-de-medina-mostrou-o-caminho.html>. Acesso em: 20/12/2015.

Vítor Cruz

Você pode ser, em todas as áreas da sua vida, o que quiser, mas tem que estabelecer metas condizentes com isso e "pagar o preço" proporcional a sua audácia. Se a meta não for realista, ou se não estiver disposto a pagar o preço, nada mais será do que uma ilusão.

Eu não conheço a sua história, suas "limitações", o meio em que você vive. Mas, de uma coisa eu tenho certeza: nada impede que você seja a próxima referência de quebra de crenças limitantes e, consequentemente, da barreira entre o possível e o impossível no meio em que vive. E o mais maravilhoso de tudo é que, ao estabelecer essa referência de possibilidade, muita gente que você ama vai olhar para você e dizer: vejam, é possível! E vão, também, começar a romper barreiras. E, assim, você verá uma onda de melhora na sua vida, das pessoas a sua volta e, por que não, na sua sociedade.

Se você quer, realmente, ser, ter ou conquistar algo, não tenha dúvidas! Acredite, incondicionalmente, no seu potencial e cumpra o dueto: planejamento correto e força de vontade que, certamente, o futuro se renderá a sua determinação.

> **Planejamento correto sem força de vontade é uma ilusão.**
>
> **Força de vontade sem planejamento correto é um martírio.**
>
> **Planejamento correto e força de vontade juntos resultam na concretização de seus sonhos.**

A estratégia mais importante da vida

Agora, cabe a você focar no que, realmente, deseja na sua vida e confiar no seu potencial. Se você me permite, deixo aqui um conselho:

Olhe agora para trás, para o que você já viveu, e aprenda com todos os erros do passado. Lembre-se de que o passado não serve para nada, a não ser para o seu aprendizado. Nunca use o passado para a limitação, porém, não ignore nenhuma experiência boa ou ruim vivida, não só por você, como também por outras pessoas. Em tudo há uma lição a ser aprendida. Se algo deu errado, identifique e corrija. E pronto! É assim que se lida com o passado.

Agora, pare de olhar para trás e olhe para os lados. Certifique-se de que, ao seu lado, você tenha as pessoas certas para ajudá-lo na caminhada.

E, então, olhe para cima e renove agora mesmo a sua fé e a sua esperança.

Saiba que nada está impedindo você de olhar para a frente e, agora mesmo, dar um grande passo para fazer acontecer o que há de mais sensacional para a sua vida.

Crie compromissos com a sua jornada!

> O homem que tem coragem de desperdiçar uma hora do seu tempo não descobriu o valor da vida. (Charles Darwin)

Tem horas que não podemos pensar muito. A melhor forma de pararmos de procrastinar e nos forçar a dar passos para a direção certa é criar compromissos com a nossa jornada. É preciso aplicar o "vai lá e faz".

Eu sempre fui muito receoso em fazer algumas coisas. Todos nós temos receios, medo de rejeição, medo do fracasso... Então, sempre ficamos arranjando desculpas para nós mesmos, criando uma autossabotagem.

Tudo começa quando nos vêm à mente frases como:

"Será que estou preparado?"

"Eu não vou ter tempo para isso...".

"Um dia eu vou... Agora não dá".

"Eu já sou velho para isso".

"Eu ainda sou muito novo para..."

A verdade é: se dermos espaço, a nossa mente sempre virá com essas armadilhas. O que precisamos fazer? Criar a necessidade de agir, antes que a autossabotagem apareça.

É o que eu chamo de "Princípio do Canil", sabe por quê?

Responda depressa: quando você iria correr mais rápido: na sua corridinha matinal diária ou quando soltarem cachorros e você precisar fugir?

É claro que é na segunda hipótese. Nosso corpo e nossa mente foram treinados para esse tipo de comportamento: descansar quando não há nenhum "perigo" e arranjar uma saída quando surge a necessidade.

Então vá e faça! Abra a porta do canil e deixe os cachorros correrem atrás de você. Você dará conta, tenho certeza, pois nossa mente é assim. Ela precisa sair do seu estado de latência, do seu conforto, e ser desafiada.

A estratégia mais importante da vida

Então, se você precisa se capacitar, vá agora mesmo, não pense muito: matricule-se no curso que for necessário.

Você precisa entrar em forma? Faça a matrícula na academia agora mesmo e, preferencialmente, contrate um *personal trainer* para que a necessidade de ir treinar fique ainda mais forte.

Quer fazer uma apresentação? Marque a data!

Com compromissos e desafios aceitos, a mente começa a se expandir, para achar maneiras de ultrapassar os obstáculos e concluir a meta. E isso faz a gente crescer. Sem desafios, não se cresce ou demora-se muito para isso.

Começar a abrir mais vezes a "porta do canil" e aceitar desafios que me tirem da zona de conforto me trouxe diversos benefícios. Foi um empurrão para que eu pudesse catapultar minha vida e meus negócios para outros patamares.

Só tenha cuidado para aceitar somente os desafios que respondam bem àquelas nossas três perguntas:

- É uma solução?
- Qual o impacto?
- Compensa ir atrás dessa solução, mesmo sabendo desse impacto?

Se você está ciente de que esse é um passo em direção ao seu grande sonho, aos seus reais objetivos de vida, não espere mais. Vá e faça!

> **O "não" eu já tenho.**
> **Eu vou tentar o meu "sim"!**

Vítor Cruz

O segredo é construir seu caminho, não expectativas

Sucesso é ir de fracasso em fracasso
sem perder o entusiasmo. (Winston Churchill)

Você, certamente, já tem nas mãos o que precisa para construir uma jornada de grande sucesso, com metas ousadas e as ferramentas necessárias, e está com muito entusiasmo em fazer acontecer tudo o que há de melhor para a sua vida.

Lembre-se apenas de que um dos grandes segredos é não se cobrar demais, criando expectativas de um sucesso rápido e estrondoso nas primeiras tentativas. Como já disse, a sua vida ou carreira ideal será construída com planejamento, preparo, foco e paciência.

Já vi muita gente destruir sonhos, jogar tudo para o alto, porque se preocupou mais com o resultado do que com o caminho para alcançar o resultado.

Criar expectativas gera ansiedade, pode gerar decepção caso o resultado não venha na velocidade e tamanho que se esperava e, ainda, induzi-lo a achar que "se não deu certo agora, nunca vai dar"!

Isso é um erro. Vai dar certo sim! Preocupe-se em dar o seu melhor, trabalhando duro, dia após dia, para construir a vida que deseja. O resultado virá no momento certo.

Você já tem tudo o que precisa. Tenha paciência e persistência!

O *checklist* da transformação do seu dia em um verdadeiro "diamante"

Em essência, toda esta obra se resume a uma única coisa: ajudar você a não desperdiçar o seu dia, pois ele não é um simples grão de areia. Ele merece e deve ser mais um diamante para a sua coleção.

Então, como você saberá que o seu dia foi valorizado como um verdadeiro diamante?

Você saberá pelas sensações, pelo sentimento de dever cumprido, pela paz interior... Mas, eu recomendo que crie um modelo racional de avaliação, até mesmo para orientá-lo e instigá-lo a fazer tudo aquilo que você considera importante para a sua vida.

Crie um *checklist* na forma de perguntas, para que você tenha certeza de que está agindo de maneira proativa, na busca da valorização máxima do seu dia.

Vou compartilhar agora o meu *checklist* do "dia perfeito". Você pode usá-lo à vontade, mas recomendo que faça as necessárias adaptações, para que ele se torne algo bem pessoal.

Todos os dias, ao começar o dia, ao longo do dia e, principalmente, ao final do dia, respondo a estas perguntas:

> **1 - Hoje, qual foi o passo que eu dei para concretizar meu grande sonho?**
>
> **2 - Hoje, o que eu fiz de bom para uma pessoa, que não poderia retribuir a gentileza, ou sem que eu esperasse qualquer retribuição?**
>
> **3 - Hoje, que novo e relevante conhecimento eu aprendi para a minha vida?**

A estratégia mais importante da vida

> **4 - Hoje, eu demonstrei amor, carinho ou zelo pelas pessoas que considero importantes na minha vida?**
>
> **5 - Quais são as três coisas (ao menos) pelas quais eu sou grato na minha vida?**
>
> **6 - Quais são as três coisas (pelo menos) que eu sou grato de ter vivido no dia de hoje?**

Pesquisadores dizem que nosso cérebro tem facilidade para guardar uma lista de apenas três coisas, mais do que isso, se torna difícil. Embora eu tenha impresso este *checklist* de seis perguntas, ao começar a aplicá-lo, é interessante que você guarde mentalmente três e fique se perguntando ao longo do dia, por exemplo:

> **1- O que eu já fiz hoje como passo em direção a meu grande sonho?**
>
> **2- Que verdadeira boa ação eu já fiz hoje?**
>
> **3- Hoje, eu já demonstrei amor, carinho ou zelo pelas pessoas que considero importantes na minha vida?**

Lembro, ainda, que essa lista de perguntas não é estática. No meu caso, eu estou sempre a melhorando e ampliando, mas você há de concordar comigo que se eu conseguir em um único dia:

• Dar mais um passo para concretizar meu grande sonho;

• Fazer o bem para uma pessoa que não possa retribuir a gentileza, ou sem esperar qualquer retribuição;

Vítor Cruz

- Aprender algo novo e relevante;
- Demonstrar amor pelas pessoas que estimo;
- Ser grato pela minha vida e pelo que vivi.

Meu dia, certamente, terá sido um tremendo diamante!

Percebemos, então, que um "dia diamante" pode ser bem mais fácil e simples do que poderíamos imaginar. E, como diria o escritor alemão Johann Goethe: "O homem deseja tantas coisas, e no entanto precisa de tão pouco".

Busco, dessa forma, criar o hábito de me fazer essas perguntas, diariamente, e executar essas ações, que você pode perceber, são bem simples e não atrapalham nenhuma rotina.

Tenho total ciência de que, se eu conseguir, todos os dias da minha vida, executar essas coisas, estarei transformando a minha vida em uma coleção de diamantes.

E imagine o que você conseguiria ser capaz de realizar em dez anos: são mais de 3.600 novos passos em direção aos seus sonhos; mais de 3.600 novos conhecimentos relevantes e boas ações. E, isso tudo, sem atrapalhar a rotina.

Então, eu pergunto:

> **Como seria o seu dia perfeito, que entraria como mais um diamante para a sua coleção?**

Que tal fazer, agora mesmo, a sua lista de perguntas e colocá-la junto com a sua carta náutica da vida?

Vítor Cruz

Amplie o seu impacto no mundo

O conhecimento que você adquiriu neste livro, certamente, o colocará em uma posição de grande vantagem para o alcance de seus objetivos pessoais e profissionais. E, também, poderá ser facilmente aplicado para alinhar os rumos e alavancar imensamente os resultados de uma empresa ou instituição.

Porém, para que você use totalmente esse potencial e amplie, verdadeiramente, o seu impacto no mundo, busque sempre entrar em contato com outras pessoas que também aplicam o método proposto, para que possam, juntos, compartilhar resultados e experiências.

Ou, vá além: crie o seu próprio grupo, na sua família ou empresa, de maneira que possam colaborar mutuamente e formar uma verdadeira tripulação, ajudando uns aos outros a ultrapassar as grandes turbulências do mar da vida, mantendo-se sempre no rumo traçado.

Agora que você já sabe navegar e domina essa ciência e arte de conduzir a embarcação da vida, para aportar com segurança e exatidão em seus objetivos, não se esquive da grande e nobre missão que já lhe sinalizei anteriormente:

> **Faça como os navios rebocadores e se "lance ao mar", compartilhando esse conhecimento e resgatando aqueles que estão sem rumo, à deriva na vida, pois não se prepararam ou não se organizaram de maneira correta para a jornada.**

Colocar em prática essa missão, certamente, renderá lindos diamantes para a sua coleção.

A grande conquista

Tenho certeza de que, agora, você já pode experimentar a felicidade por ter chegado até aqui e se dado a oportunidade de aproveitar ao máximo cada etapa da sua jornada.

E, para que sempre se lembre dos pontos mais importantes dessa viagem, quero compartilhar com você um ponto de ancoragem muito simples, que uso várias vezes ao dia, para me manter focado nessa missão.

Bem, eu sempre comprei potes grandes de *shampoo*... Não sei quanto a você, mas, antigamente, quando comprava aqueles potes grandes, eu não me preocupava muito. Ia usando à vontade, e até desperdiçando o conteúdo. Caía um pouco no chão e eu nem ligava... Agia como se aquele pote "tão grande" nunca fosse acabar.

Mas, não é que aquele pote tão grande de *shampoo* um dia esvaziava. E o que as pessoas geralmente fazem quando chegam ao final? Misturam água para render... E vão usando aquele *shampoo* ali, aguado, ralinho, quase sem força, torcendo para não acabar quando mais se precisa dele.

Você também faz isso?

A vida não é exatamente assim?

Como escrito pelo filósofo alemão Schopenhauer: "Da juventude, a vida é um futuro indefinidamente longo, ao passo que na velhice ela parece um passado deveras curto".

Muita gente desperdiça a vida e só vai dar valor quando ela já está no final. Só que, neste momento, ela já está aguada, quase sem força...

Quando o pote de *shampoo* acaba, a gente compra outro. Mas a vida, infelizmente, não dá para comprar outra!

Por isso, hoje em dia, todas as vezes que vou lavar

A estratégia mais importante da vida

minhas mãos, ou meus cabelos, coloco só uma gotinha de *shampoo* ou de sabonete. Faço isso para me lembrar que, embora sejam finitas, cada gota tem um potencial enorme para lavar minhas mãos ou meus cabelos, posso e devo usá-las com sabedoria.

Assim, lembro também que os dias da minha vida, embora finitos, são mais preciosos do que diamantes, e também possuem um potencial enorme. Cada dia é uma oportunidade para colocar mais um tijolo nas paredes de meus sonhos, e valorizar tudo aquilo que é importante para mim.

Meu maior desejo é que você faça o mesmo. Pois, nenhum de nós sabe quantas gotas de vida nos restam. Mas, há uma coisa muito importante que você pode fazer: pode assinar um compromisso consigo, neste exato momento, de usar cada dia da sua vida da melhor forma possível, dizendo com todo o seu coração:

1. Eu vou atrás do meu grande sonho e vou fazer isso hoje!

2. Eu vou atrás do meu grande sonho e vou com preparo, para garantir que chegarei até o destino. E também vou com organização, para chegar até lá inteiro, dando valor ao que, realmente, importa na minha vida!

3. Eu vou atrás do meu grande sonho e acordarei todos os dias com a disposição de dizer: "Hoje não vai ser mais um grão de areia em minha vida. Vou fazer deste dia mais um diamante para a minha coleção".

Pode ter a certeza de que, fazendo assim, você, certamente, transformará qualquer grande desafio da sua vida em uma gigantesca conquista.

E quando chegar o momento de lhe perguntarem:

"Comandante, comandante... Depois da sua longa jornada pela vida, que tesouros você trouxe para nos mostrar?"

Nesse dia, então, você vai poder colocar um sorriso de orelha a orelha, estufar o peito e, com orgulho, estender as suas mãos abertas e dizer:

Meus tesouros? Estão aqui! Os mais belos e preciosos diamantes que conquistei em cada dia espetacular que vivi.

Que você tenha bons ventos na sua jornada!

Resumo

Resumo:

- A vida não é, e nem nunca será, um eterno mar de rosas. Você está, realmente, engajado em fortalecer as estruturas do seu navio para que, quando a onda forte bater, os danos sejam mínimos? Ou está navegando despreocupado, correndo o risco de ser pego desprevenido e ter de assistir ao naufrágio da sua vida?

- As pancadas da vida, na maioria das vezes, são para nos mostrar onde estão as nossas falhas.

- É preciso avançar sempre! Mas, ao mesmo tempo, manter e fortalecer o que já foi conquistado, em todos os pilares que sustentam a sua vida.

- Dê valor ao seu dia, cada "hoje" da sua vida é um tijolo que lhe foi dado como oportunidade para você fazer crescer um pouco mais as paredes do seu sonho. E cada tijolo só pode ser usado uma única vez. Um tijolo desperdiçado, lançado ao chão, não volta.

- Tenha brilho nos olhos, ação imediata, preparo e organização.

- Como você vai decidir passar a viver os seus dias? Não faça da sua vida um amontoado de areia, sem sentido e sem valor. Dê a sua vida o valor que ela merece: transforme-a numa coleção dos mais belos e preciosos diamantes, cada um deles sendo um dia espetacular que você vai viver daqui para a frente.

- Comece hoje mesmo esse processo de colecionar um diamante por dia na sua vida.

- Tenha humildade para nunca perder o foco dos reais objetivos, para reunir os melhores ao seu redor, para melhorar continuamente em todos os pilares e não se cobrar a perfeição.

A estratégia mais importante da vida

- Turbulência e instabilidade na vida fazem parte do processo natural do crescimento. Crescer não é fácil...

- Não seja inconsequente, mas seja ousado!

- O conquistador inteligente possui determinação, planejamento e humildade e, por isso, não transforma seus sonhos em ilusões, a sua vida em martírio, nem se torna um colecionador de infelicidades e frustrações.

- Existe, sim, substituto para o trabalho duro: é o trabalho inteligente!

- Mantenha a sua carta náutica sempre atualizada e crie o hábito de usá-la diariamente. Quanto maior a frequência dos pontos de ancoragem, mais fiel à rota será a navegação.

- Em vez de direcionar sua intensidade para a quantidade, passe a direcioná-la para a qualidade.

- Crie o hábito de planejar suas atividades. Se a atividade está planejada, basta executar. Se não está planejada, surgem dúvidas, obstáculos, dificuldades e, geralmente, a execução falha.

- A chave do seu sucesso, da sua produtividade e da sua felicidade está em achar as suas forças e as oportunidades para usá-las e não em gastar energia tentando corrigir suas fraquezas.

- O diagnóstico preciso da situação atual é sempre o primeiro passo de qualquer planejamento inteligente ou tomada de decisão inteligente.

- Quais são os seus valores? Como estão os seus pilares? Cuidado com os pilares "nota 6", "nota 4", são eles que corroem sua vida aos poucos sem que você perceba.

Vítor Cruz

- Critique seus objetivos, um objetivo que não lhe entrega as soluções para aquilo que você está, realmente, precisando ou, pior ainda, estraga aquilo de bom que você já tem, é um objetivo que não serve!

- Imagine que você consiga estar em perfeita lucidez no último dia de sua vida e saiba que, em poucos instantes, não terá a oportunidade de realizar mais nada. O que você gostaria de observar quando olhar para trás nesse momento?

- Pense de uma forma ampla em todos os pilares da sua vida: família, amigos, profissão, lazer, até mesmo na sua condição como um membro de nossa sociedade.

- Que realizações encheriam você de orgulho? O que lhe daria aquela paz de espírito em saber que, efetivamente, viveu e não somente sobreviveu?

- E se, agora, neste exato momento, nós estivéssemos diante dos seus últimos instantes de vida e você precisasse responder à pergunta: "você está satisfeito com o que realizou até aqui?".

- O que responderia? Você acha que está alinhado com aquilo que gostaria de imaginar no último dia da sua vida?

- Antes de nos preocuparmos em fazer as coisas de maneira correta, organizada e produtiva, precisamos nos habituar em fazer as coisas certas, para depois, então, passar a fazer estas coisas certas de maneira organizada, eficiente e produtiva.

- Hoje, você nada mais é do que o resultado das decisões que vem tomando nos últimos cinco, dez ou 20 anos. Daqui a cinco, dez, ou até mesmo 60 anos, você será a mera consequência das decisões que está tomando aqui, hoje, neste exato momento.

A estratégia mais importante da vida

• Sempre busque aliar uma alta intensidade de viver com o seu planejamento a longo prazo da vida.

• Metas foram feitas para ser cumpridas. Comece com poucas metas e metas simples. Mas, não permita que nada faça com que você deixe de cumpri-las.

• Traçar metas e cumpri-las, ainda que simples, cria um efeito fantástico na sua mente: sensação de dever cumprido, senso de responsabilidade e uma autoconfiança que permite renovar as energias e buscar metas desafiadoras, mas, agora, com o estabelecimento de um ciclo de disciplina.

• Lembre-se da plasticidade da meta: se você estabelecer prazos muito folgados para concluir seus projetos, seus esforços tendem a relaxar e se esparramar por esse prazo.

• Sempre faça ciclos de melhoria contínua de suas ações: planeje, execute, cheque os resultados, mantenha ou melhore o que deu certo e corrija o que deu errado.

• Como será o prazer da sua vitória? Qual é o seu grande porquê para zarpar e suportar a jornada até o final?

• Você deve ser muito criterioso ao escolher quem deixa entrar em seu barco. E, principalmente, por quem se deixará ser influenciado durante a jornada.

• Escolha vigias! É essencial, também, que tenhamos na tripulação pessoas com o papel de lhe fazer cobranças. Pessoas com as quais você compartilhe as suas metas e elas as critiquem e, também, venham a cobrá-lo o seu cumprimento.

Vítor Cruz

- Faça parcerias no modelo "ganha-ganha". Quem poderá ajudá-lo com seus projetos pessoais, ajudando com algum fator que esteja precisando, tais como estrutura, dinheiro, contatos, energia, tempo, credibilidade, conhecimento etc.?

- De quais conhecimentos e habilidades você vai precisar?

- Conhecimento sem aplicação prática é nulo. Adquira um conhecimento útil e o coloque em prática tão logo seja possível.

- Transformar conhecimento em habilidade é a grande chave para o sucesso de seus objetivos.

- Tão importante quanto dar um passo na direção certa é parar de dar passos na direção errada.

- Eu, realmente, estou sem tempo, pois tento ser o mais produtivo possível para a minha vida, ou estou ocupando o meu tempo de maneira pouco produtiva, deixando de lado o que, realmente, é importante?

- Em cada pilar da sua vida, quais são os 20% de coisas ou pessoas que vão lhe retornar os 80% de melhores resultados?

- Em vez de trabalhar mais, trabalhe melhor, se relacione melhor, viva melhor.

- Você tem agido como uma lanterna ou como um raio *laser*? Concentre sua energia, de forma que seja capaz de perfurar seus obstáculos.

- É preciso ter disciplina para dizer "Não, obrigado" às grandes oportunidades. O simples fato de determinada oportunidade "só aparecer uma vez na vida" é irrelevante, se ela não se encaixar, exatamente, com os seus reais objetivos de vida.

A estratégia mais importante da vida

- Cuidado com os "ladrões de foco".

- Tenha consciência de seus atos, até que você consiga fazer com que estes se transformem em hábitos.

- Você só conseguirá chegar com segurança e exatidão ao que planejou, se ficar atento aos seus pontos de ancoragem e, frequentemente, corrigir seu rumo para a direção correta.

- O grande ponto-chave desse processo é você conseguir criar hábitos que o levem a alcançar os objetivos traçados.

- E o primeiro hábito a ser criado é o de verificar a sua carta náutica da vida, todos os dias.

- Você só irá para onde o seu elefante quiser ir e, assim, passar a carregá-lo. Ou aprende a domar o seu elefante e fazer com que ele o carregue para onde realmente quer ir, ou alguém acabará fazendo isso por você e o seu elefante o conduzirá para onde este alguém quer que você vá. Para isso, seis passos:

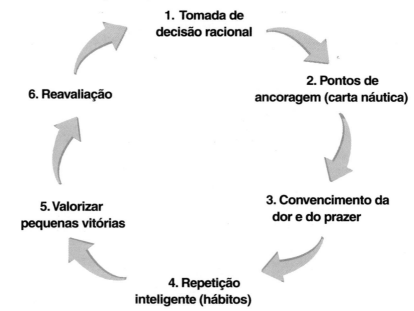

Vítor Cruz

- Você continuará adiando o seu sucesso até estar convicto de que o prazer da vitória superará em muito a dor da caminhada.

- O limite do seu crescimento é o mesmo limite da sua autoconfiança! Confie no seu potencial, incondicionalmente e, então, o seu crescimento será limitado tão somente a sua capacidade de sonhar.

- Planejamento correto sem força de vontade é uma ilusão.

- Força de vontade sem planejamento correto é um martírio.

- Planejamento correto e força de vontade juntos resultam na concretização de seus sonhos.

- O "não" você já tem. Tente seu "sim". Você já tem tudo o que precisa. Tenha paciência e persistência!

- O segredo é construir o seu caminho, não expectativas. Criar expectativas gera ansiedade, pode gerar decepção caso o resultado não venha na velocidade e tamanho que se esperava e, ainda, induzi-lo a achar que "se não deu certo agora, nunca vai dar"!

- As seis perguntas (sugestão) para a transformação do seu dia em diamante:

1. Hoje, qual foi o passo que eu dei para concretizar o meu grande sonho?

2. Hoje, o que eu fiz de bom para uma pessoa que não poderia retribuir a gentileza, ou sem que eu esperasse qualquer retribuição?

3. Hoje, que novo e relevante conhecimento eu aprendi para a minha vida?

4. Hoje, eu demonstrei amor, carinho ou zelo pelas pessoas que considero importantes na minha vida?

A estratégia mais importante da vida

5. Quais são as três coisas (pelo menos) que vivi hoje e pelas quais eu sou grato na minha vida?

6. Quais são as três coisas (pelo menos) que eu sou grato de ter vivido no dia de hoje?

- Faça como os navios rebocadores e se "lance ao mar", compartilhando esse conhecimento e resgatando aqueles que estão sem rumo, à deriva na vida, pois não se prepararam ou não se organizaram de maneira correta para a jornada.

- "Da juventude, a vida é um futuro indefinidamente longo, ao passo de que na velhice, ela parece um passado deveras curto". Por isso, diga para si:

o Eu vou atrás do meu grande sonho e vou fazer isso hoje!

o Eu vou atrás do meu grande sonho e vou com preparo, para garantir que vou chegar até o destino. E, também, vou com organização, para chegar até lá inteiro, dando valor ao que, realmente, importa na minha vida!

o Eu vou atrás do meu grande sonho e vou acordar todos os dias com a disposição para dizer: "Hoje não vai ser mais um grão de areia em minha vida. Vou fazer deste dia mais um diamante para a minha coleção."

Vítor Cruz

Apêndice

Valores		Atitudes a serem mantidas ou incentivadas	
Família	Crescimento pessoal	Gratidão	Não falar mal dos outros
Honestidade	Comprometimento	Fidelidade	Escutar mais do que falar
Fazer a diferença	Humildade	Altruísmo	Não ser grosseiro
Confiança	Foco		Não ter preconceitos

Metas anuais
Doar sangue duas vezes
Poupar X reais
Ler dez livros
Levar filho para passear pelo menos 15 vezes
Emagrecer 12 Kg

Metas para os próximos 30 dias	
Escrever livro - 30 páginas	Matrícula - Inglês
Ligar mãe	Matrícula aula de violão
Ligar pai	Poupança - 100 reais
Presente do João	E-mail - fornecedores
Dentista (13/05 - 16h)	Orçamento reforma
Aniversário Ana (15/05)	

Família e amor	Amizade	Profissão e desenvolvimento	Finanças e Patrimônio
Filho	Amigo "A"	Projeto "A"	Reduzir gastos
Esposa	Amigo "B"	Livro "B"	Poupar mais
Mãe	Amigo "C"	Estudar tema "C"	Estudar sobre "F"
Pai		Estudar língua "L"	
Irmão "A" e "B"			
Avô "A"			
Avô "B"			
Primos			

Saúde	Lazer	Espiritualidade	Sociedade
Alimentação	Viagem	Estudo sobre "X"	Projeto "A"
Esporte "A"	Teatro	Frequentar "Y"	Instituição "B"
Academia	Música	Lembrar do tema "2"	Palestra "P"
Dentista	Gastronomia		Doar sangue
Fonoaudiólogo	Programas de TV		Cadastro Medula
Ortopedista	Tempo para o ócio		
Nutricionista			

Missão pessoal

Ajudar pessoas e empresas a concretizarem o máximo de seu potencial e a aumentarem sua produtividade, focadas realmente em coisas que entreguem real valor e contribuam para uma sociedade mais justa e melhor para se viver.

Elevar constantemente o padrão e a intensidade das relações com meus familiares e amigos, aproveitando cada detalhe e sensação na vida como uma oportunidade única de vivê-los.

Eu me enxergo assim, no último dia da minha vida

Terei aproveitado os grandes momentos em família, os meus filhos e amigos. Atingido a realização profissional e contribuído para que milhões de pessoas tenham tido, efetivamente, uma vida melhor, concretizando seus sonhos e formando uma sociedade mais produtiva e melhor para se viver.

Eu me enxergo assim, no ano _____ (Dez anos após o primeiro planejamento)

Meta simples: estar casado. Ter dois filhos. Ter participado de projetos filantrópicos. Estar com a casa quitada. Ter presenciado e prestigiado importantes conquistas de amigos e familiares. Ter alcançado a posição de diretor da empresa. Sentindo-me saudável e com vitalidade.

Meta ousada: ser recordista brasileiro de determinado esporte. Ter vendido cinco milhões de livros.

Eu me enxergo assim, no ano _____ (Cinco anos após o primeiro planejamento)

Meta simples: ter concluído o doutorado. Ter concluído certo tratamento médico. Ter um filho. Ter conseguido alcançar a posição de gerente da empresa.

Meta ousada: ter vendido um milhão de livros.

Referências

ABDALLAH, Ariane; COHEN, David. *O trabalho perdeu o sentido?* Disponível em: <http://epocanegocios.globo.com/Informacao/Dilemas/noticia/2012/10/o-trabalho-perdeu-o-sentido.html>. Acesso em: 29 de jan. de 2016.

COLLINS, Jim. *Empresas feitas para vence*r. São Paulo, HSM. 2013. pp. 127-129.

CORTELLA, Mario Sergio. *Qual é a tua obra? Inquietações propositivas sobre gestão, liderança e ética.* Editora Vozes, 2009.

LALLY, Phillippa; CORNELIA, H. M; JAARSVELD, Van; POTTS, Henry W. W.; WARDLEA, Jane. *How are habits formed: modelling habit formation in the real world.* Disponível em: < http://repositorio.ispa.pt/bitstream/10400.12/3364/1/IJSP_998-1009.pdf >. Acesso em: 20 de dez. de 2015.

PIRES, Miguens Altineu. *Navegação: ciência e arte.* Disponível em: <https://www.marinha.mil.br/dhn/?q=pt-br/npublicacoes>. Acesso em: 29 de jan. de 2016.

VÍTOR CRUZ

Treinador de liderança e estratégia pessoal. Empresário da Educação a Distância. Fundador do Instituto Brasileiro de Estratégias para Carreira e Vida – IBECAV, e do Nota11 Concursos. Ex-Oficial da Marinha do Brasil, formado em Administração pela Escola Naval. Escritor e Palestrante.

www.ibecav.com.br
Instagram: @vitorcruz_ibecav